编 委 会

主　编：何立峰
副主编：林念修
编　委：任志武　伍　浩　王昌林　沈竹林　朱建武　包献华
　　　　贾敬敦　陈　锐

编 写 组

组　长：伍　浩　王昌林　沈竹林　朱建武　白京羽
副组长：霍福鹏　赵　军　阮高峰　罗　蓉　刘国艳　姜　江
成　员：（按照姓氏笔画排序）

文　皓　王　婷　王　维　田　帆　田　彬　邓元慧
申伶坤　任福君　成　卓　刘　方　刘　祯　刘中全
刘中豪　刘华益　孙启新　孙祥民　李雪妮　李美桂
李雅柳　邱　灵　邵　红　周　源　张绍阳　张铭慎
张雅琪　杨咸武　陈　晴　陈倩倩　房　瞻　庞　诗
赵　宇　赵　静　赵立新　段俊虎　顾梦琛　徐　丽
徐文舸　徐示波　曹煜中　曹雪华　韩　祺　曾红颖
蒋同明　廉　莉　雷　洋　蔺　洁　管立军　黎晓奇
魏国学　戴国富

2018年
中国大众创业万众创新发展报告

发展报告

国家发展和改革委员会

人民出版社

序　言

2018 年是全面贯彻党的十九大精神的开局之年，在党中央的坚强领导下，按照国务院的部署安排，全国上下认真落实新发展理念，深入实施创新驱动发展战略，在更大范围、更高层次和更深程度推进大众创业万众创新，破解创新创业发展中存在的深层次矛盾和痛点堵点问题，打造"双创"升级版，创新创业呈现高质量发展态势。

一是创新创业生态更加优化。全国深入推进放管服改革，进一步清理、取消、压减一批行政许可事项，普及推广"照后减证"，压缩企业开办时间，加强社会信用体系建设，完善相关行业监管机制，优化政务服务。我国营商环境大幅提升，全球排名从 2017 年的第 78 位跃升至 2018 年的第 46 位。

二是创业带动就业渠道更加多元。积极鼓励和支持科研人员开展科技创业，强化大学生创新创业教育培训，健全农民工返乡创业服务体系，完善退役军人自主创业支持政策，提供归国和外籍人才创业便捷服务，积极引导更多女性、港澳青年、台胞、侨胞参与创新创业，为不同群体创造价值、实现梦想和就业致富提供了更有效途径。

三是创新创业科技基础更加坚实。在重点领域和关键环节新建一批国家产业创新中心、国家技术创新中心,加大对"专精特新"中小企业支持力度,涌现出一批具有较强创新能力的领军企业,形成了一批制造业创新集群。纵深推进全面创新改革试验,深化以科技创新为核心的全面创新,健全科技资源开放共享机制,完善科技成果转化的体制机制,推动了创新创业与实体经济的加速融合。

四是创新创业支撑平台效能更加强劲。大力支持双创示范基地开展先行先试,推动建立长三角、京津冀、西部等双创示范基地联盟,示范带动作用不断增强。强化制造业创新创业平台建设,有力促进了新技术的开发和推广应用。不断推动众创空间向专业化、网络化、国际化发展,创新创业服务能力不断增强。

五是全社会创新创业氛围更加浓厚。成功举办全国大众创业万众创新活动周,线上线下参与活动的观众超过1亿人次,海外活动拓展到4大洲21个国家。面向不同群体举办"互联网+"大学生创新创业大赛、"中国创翼"创业创新大赛、中国创新创业大赛、"创青春"中国青年创新创业大赛等,进一步激发了全社会投身创新创业的热情。"创响中国"活动在全国举办120站2400多场活动,吸引参与人数近100万人。

2019年是新中国成立70周年,是全面建成小康社会、实现第一个百年奋斗目标的关键之年。习近平总书记在参加十三届全国人大二次会议福建代表团审议时指出,要营造有利于创新创业创造的良好发展环境,最大限度释放全社会创新创业创造动能。李克强总理在《政府工作报告》中要求,进一步把大众创业万众创新引向深入。下一步,要以习近平新时代中国特色社会主义思想为指导,全面贯彻党的十九大和十九届二中、三中全会精神,深入实施创新驱动发展战略,坚持问题导向、目标导向,以优化生态环境、搭建平台载体、破解痛点堵点等为重点,持续营造创新创业创造良好环境,吸引更多社会主体投身创新创业创造时代大潮,为扎实推动经济高质量发展提供不竭动力。

编　者
2019 年 5 月

目　录

总　论
打造"双创"升级版　助推经济高质量发展

2018 年,各地方、各部门以习近平新时代中国特色社会主义思想为指导,全面贯彻党的十九大和十九届二中、三中全会精神,深入实施创新驱动发展战略,大力推进落实《关于推动创新创业高质量发展打造"双创"升级版的意见》(国发〔2018〕32 号)各项举措,创新创业发展总体平稳,市场主体活力明显增强,创业主体更加多元,创业融资合理增长,政策措施更加精准,进一步释放市场活力和社会创造力,为经济高质量发展提供了强有力支撑。

一、微观主体持续优化,市场竞争力不断提升

随着营商环境持续改善,我国市场主体内在活力持续增强、行业分布更加优化、进出循环更加通畅,涌现出一大批竞争力强、成长性好、知名度高的创新创业主体。

新登记企业呈现量增质升。新登记企业继续保持平稳增长,2018 年全国新登记企业 670.0 万户,全年日均新设企业 1.8 万户,同比分别增长 10.3% 和 8.4%。截至 2018 年年底,我国实有企业数量达到 3474.2 万户,同比增长 16.9%,连续六年实现两位数增长。新登记企业的活跃度水平持续提升,2018 年"百县万家新设小微企业周年活跃度调查"结果显示,新设小微企业经过一年时间,开业率达到 74.7%,比上年新设小微企业周年开业率高 4.9 个百分点。开展

经营的企业中近九成已实现营业收入,实现营收企业占比较上年高9.1个百分点。

市场主体新陈代谢稳定。新登记企业和个体工商户数量的不断攀升,使2018年我国市场主体总量突破1亿户大关。在新登记企业中,民营企业数量增长较快。新设民营企业增速略快于同期新登记企业数量增速。随着市场监管部门不断拓展企业简易注销登记适用范围,更多符合条件的企业开始适用简易注销登记程序。2014至2018年,我国年度注销企业数从50.6万增加至181.4万。2018年注销退出市场的企业占新进入市场企业约27.1%。市场主体的"新陈代谢"保持在一个正常稳定的水平,市场主体的动态循环保持畅通。

高估值和高成长性企业加速涌现。2018年,全球知名风投调研机构(CB Insights)的最新榜单上共有92家独角兽企业来自中国,占全球独角兽企业总数的三分之一,主要分布于新零售等新兴消费领域,并积极向人工智能、机器人、新能源汽车和大数据等高端制造和高新科技领域扩展,龙头企业牵引、平台生态与技术驱动相结合的特征更趋明显。拥有瞪羚企业的高新区数量持续增长,高新技术企业、民营企业和中小企业已成为瞪羚企业的主体。

二、创业主体更加多元,带动就业能力明显增强

2018年,越来越多的企业家、大学生、科研人员、归国人员、返乡农民工立足自身禀赋和优势投身创新创业,使创新创业形式更加多元、渠道更加通畅、特色更加鲜明,真正成为不同群体创造价值、实现梦想和就业致富的有效途径。

更多企业和企业家投身创新创业浪潮。龙头企业的创新标杆作用进一步显现。2018年《欧盟工业研发投入记分牌》显示,2017年中国有438家企业进入全球研发投入2500强,跻身百强企业的有112

家,百强企业数量居第 4 位。《2018 中国企业 500 强》榜单显示, 2017 年中国企业 500 强研发投入持续快速增加,合计投入研发费用 8950.9 亿元,占企业研发费用支出的比例达到 65% 以上,增幅 21.6%。企业平均研发强度约 1.6%,较上年提升 0.1 个百分点。越来越多的企业开始抢抓数字化转型机遇,有调查表明,目前有七成以上企业家意识到企业应该在未来数年进行或完成数字化转型。越来越多的"创二代"推动家族企业治理转型,开启"二次创业"新征程。

更多青年创业者发挥人力资本优势。2018 年在各级市场监督管理部门首次登记注册的市场主体中,16—35 岁青年创业者有 758.0 万人,同比增长 5.8%。其中大学生创业者 67.9 万人,比上年增加 3.5 万人,增长 5.4%。同时,大学生创业的行业结构出现积极变化。2018 年,大学生在文化、体育和娱乐业,信息传输、软件和信息技术服务业,科学研究和技术服务业等行业中创业的数量明显增多,较好地发挥了大学生在这些行业的人力资本优势。

更多留学人员选择回国创业。有关部门通过完善政策、加强服务、实施人才工程等措施,不断优化留学回国人员创业创新环境,各地积极通过海交会、海创周、海洽会、留交会等留学人才项目交流活动,搭建留学人才回国创新创业的桥梁。从 1978 年至 2018 年年底,我国留学回国人员总数达 365.14 万人,其中 2018 年为 51.94 万人,比 2017 年增加约 3.85 万人,增长 8%。一大批留学人员创建的高新科技企业在留学人员创业园实现产业化,成功迈向国内乃至国际市场,为我国全球创新开放合作发挥了重要作用。

农民工返乡创业蓬勃发展。截至 2018 年上半年,各地人社部门主导建设的农民工返乡创业孵化基地达到 1073 家,农业农村部实施动态跟踪的全国农村创业创新园区(基地)达到 1096 个。监测数据显示,2018 年四季度末,返乡农民工中有 9.1% 选择了创业。农民工返乡创业的蓬勃发展,为促进农村经济繁荣发展、促进农民创业增收、带动农村富余劳动力就地就近转移就业发挥了重要作用。

新设小微企业吸纳更多就业。调查数据显示,新设小微企业一周年后的平均从业人员比开业时增长16%,由开业时平均每户约6.4人增加到7.4人。按照74.7%的开业率和平均每户吸纳7.4人就业计算,全国新设小微企业开业周年共吸纳就业人员约2917.9万人,占当年新设私营企业从业人数的88.9%,吸纳的就业人员中全职人员占比为81.8%,失业人员再就业占比7.4%,高校应届毕业生占比6.9%,表明新设小微企业对拉动高校应届毕业生和失业人员再就业以及稳定全国就业形势发挥了生力军作用。大数据分析显示,硬件创业公司、医药医疗设备制造创业公司、现代服务业创业公司吸纳就业人数均呈显著增长态势。

新技术和新业态增加用工需求。人工智能、大数据、生物医药、智能制造、节能环保、新能源、新材料等新技术、新产业的快速发展,提供了大量研发、生产、销售、维护等环节的新岗位。网购、快递、移动支付、共享经济为代表的新业态快速发展,有效缓解了传统产业转型带来的就业压力。大数据分析表明,2018年,电子、半导体、电路行业的用工需求实现了快速增长,物业管理、中介、检验、教育、交通、物流、媒体等行业用工需求也在快速增长。

三、创投市场更加成熟,融资基本面总体趋好

2018年,宏观经济增速放缓、中美贸易摩擦不断、金融监管收紧、资本市场深幅调整等因素互相交织传导,给股权投资市场带来较大冲击。虽然存在一定调整压力,但市场融资规模持续合理增长,融资渠道进一步多元,融资模式更加规范,显示我国创投市场的韧性和成熟度持续提高。

政府引导基金加强规范化运营管理。2018年新设151支政府引导基金,同比下降41.5%;总目标规模为1.23万亿元,同比下降

53.4%;已到位资金规模为4126亿元,同比下降50.9%。与此同时,政府引导基金的运营管理加快向市场化运作转变。随着多数已设立政府引导基金逐步进入投资期,加强运营管理(包括绩效评价等)成为引导基金管理机构的工作重点。

基金募集行为更趋稳健。随着金融监管制度不断完善、监管方式逐步规范,早期投资和创业投资基金募集数量与募集规模呈现稳健态势。2018年,全国早期投资机构新募集111支基金,同比下降24.0%;披露募集金额为181.9亿元,同比下降8.8%。创业投资机构共新募集733支基金,同比下降18.1%,其中披露募资规模的655支基金新增募集金额为3024.96亿元,同比下降13.0%。

机构投资行为更趋理性。受募资下降影响,早期投资机构变得更加谨慎,资金主要投向头部优质项目,平均投资金额明显提高。2018年,早期投资的案例数和总金额均出现同比下降。全国共发生1795起早期投资案例,同比下降10.8%;披露投资金额约为142.45亿元,同比下降3.4%;平均单笔投资金额为941.53万元,同比上涨12.9%。2018年,我国创业投资市场共发生4321起投资案例,同比下降10.4%,其中披露投资金额的3707起投资交易共涉及2117.97亿元,同比增长4.5%。创业投资市场的大额融资案例频发,单项投资金额超过10亿元的案例有24起,包括像蚂蚁金服、拼多多、平安医保科技和金融壹账通等明星项目。

人工智能等"硬科技"领域成为投资热点。在投资人工智能等"硬科技"的带动下,2018年信息技术超越互联网成为投资最活跃的行业。不论是早期投资还是创业投资,人工智能等信息技术都成为投资热点,投资案例数与金额均首次超越互联网,占据首位。除信息技术外,早期市场对于大数据、云计算、芯片、高端装备制造等创新领域加强了布局。2018年电子及光电设备与半导体的投资金额增长95.9%,机械制造的投资金额增长102.9%。

创业投资退出渠道加快制度创新。受股市低迷的影响,创投通过被投企业上市退出的渠道出现下滑趋势。在"宽严并济"的监管环境下,与私募股权相关的并购交易继续出现回落调整。为营造有利于创投发展的环境,2018年我国资本市场加快了改革步伐,大力推进设立科创板并试点注册制、创新企业境内发行股票或存托凭证试点、创业投资基金投资退出反向挂钩机制等一系列制度创新,拓宽了创业投资退出渠道,完善了多层次资本市场建设。

四、重点领域改革持续深化,政策措施更加精准

2018年,我国在优化营商环境、加快构建区域协同发展新机制、健全人才激励机制、激发企业创新活力、优化财税支持力度等方面持续发力,疏解了一批制约创新创业发展的痛点和堵点。

"放管服"改革有力推动营商环境大幅优化。强化产权保护、纠正一批错案、维护企业家合法权益等一系列举措相继实施,激发了企业家精神。成立国务院推进政府职能转变和"放管服"改革协调小组,持续深入推进"放管服"改革,进一步清理、取消、压减了一批行政许可事项。北京市、天津市、上海市等16个省市开展工程建设项目审批制度改革试点,在更大范围内推进政务服务"一网通办、只进一扇门、最多跑一次"改革,加快建设全国一体化在线政务服务平台,形成全国政务服务"一张网",营商环境进一步改善。世界银行认为,中国在减少官僚程序和繁重监管方面取得了重大进展,2018年中国营商环境排名升至46位,较2017年上升32位,是世界银行营商环境报告发布以来中国最好名次。

区域协调有机联动和创新发展不断强化。出台《关于建立更加有效的区域协调发展新机制的意见》,明确提出建立与全面建成小康社会相适应的区域协调发展新机制的目标。推动京津冀、长江经济带、粤港澳等区域市场建设,加快探索建立规划制度统一、发展模

式共推、治理方式一致、区域市场联动的区域市场一体化发展新机制,促进形成全国统一大市场。进一步完善长三角区域合作工作机制,深化三省一市在规划衔接、跨省际重大基础设施建设、环保联防联控、产业结构布局调整、改革创新等方面合作。围绕营造优良投资环境、提升贸易便利化水平、推动金融创新服务实体经济、推进人力资源领域先行先试等四大方面出台53项具体举措,加快自贸试验区改革创新的步伐。

科技体制改革和国有企业改革继续深化。制定一系列政策文件,明确建立以科学分类为基础,加快形成导向明确、精准科学、规范有序、竞争择优的科学化社会化市场化人才评价机制。以政策松绑为重点,加大对创新人才和团队的支持力度,更加重视建设合理的人才梯队,更加重视技术工人的培养和使用。出台相关具体举措,允许对特定群体广泛采用年薪制、股权期权激励、特聘岗位津贴等方式,提高高技能领军人才的经济待遇。不断强化知识产权保护,加快完善知识产权运营服务体系。从健全技术转移机制、促进科技成果资本化和产业化等方面加快国家技术转移体系建设。进一步深化国有资本投资运营试点,推进国有企业工资决定机制改革,从改革工资总额决定机制、工资总额管理方式、完善企业内部工资分配管理、健全工资分配监管体制机制等四个方面,充分调动国有企业职工的积极性主动性创造性。

财税政策不断调整优化。强化创业担保贷款精准化管理水平,在个人和小微企业的现有贷款业务品种中区分"创业担保贷款"品种,并区分10类借款人实现创业担保贷款业务精准管理、精准统计和精准查询,提高管理效率。进一步降低税费,建立中小企业跨区域涉税诉求受理和解决机制,依法为经营困难的民营企业办理延期缴纳税款,切实保障纳税人正常经营的发票需求,深化"银税互动"助力民营企业便利融资,及时缓解部分符合条件企业的实际困难。大力推进创新创业主体税收优惠政策落实,健全信息共享机制,优化办税流程。中央财政在支持"小微企业创业创新基地城市示范"政策收尾的基础上,启动支持"打造特色载体推动中小企业创新创业升级"政策,2018年共支持100个实体经济开发区打造大中小企业融通型、科技资源支撑型等不同类型的"双创"特色载体,提升"双创"资源融通质量与效率。

五、发挥专业平台和示范基地作用,新动能持续壮大

2018年,我国创新创业的发展强度、渗透深度、融合广度和带动力度不断提升,创新创业与经济社会发展更加融合,有效增强了微观主体活力、促进了区域转型升级、培育壮大了新动能、强化了创新对外开放合作,为持续实现更高质量发展提供了动力支撑。

创新平台的服务支撑作用持续强化。众创空间在服务企业投融资方面继续发挥积极作用。2018年,共帮助1.75万个服务团队和企业获得投资总额764.7亿元人民币,"投资+孵化"成为众创空间发展的重要模式。更加重视对技术型创业的支持,常驻企业和团队拥有有效知识产权数量达到21.6万件,同比增长41.8%;各类创业团队和企业数量共计18.7万个,同比增长16.5%。全国孵化器(众创空间)从业人员参训学员总数同比增幅是2014年以来年度增长幅度最大的一年。越来越多的大企业将"双创"平台建设重点从资源要素的数字化、在线化转向制造能力的开放、共享和协同,基于数据驱动、供需高效匹配的平台型、共享型制造模式正在形成,促进一大批小微企业提质增效。

双创示范基地的示范带动作用不断增强。各地充分发挥双创示范基地在推动创新创业升级过程中先行先试和标杆引领作用,有力推动了创新创业创造,助力了经济高质量发展。2018年,区域示范基地初创企业新增就业超过71万人,企业、科研院所示范基地带薪

兼职创业人员分别增长 32% 和 49%。区域示范基地新登记企业约41 万户,新增高新技术企业近 6700 家,分别同比增长约 1.15% 和31%。示范基地实现技术交易合同成交额达 146 亿元,同比增长约41%;新增专业化创新创业孵化平台和载体 2600 个,新增载体面积1870 万平方米,分别同比增长约 16% 和 42%。

新旧动能转换成效明显。云计算、大数据、物联网、人工智能方面的创新创业方兴未艾,产业规模继续保持较高水平,相关技术加速向各行业的应用场景渗透。工业互联网平台的价值创造逐步实现,拓展价值空间、网络协同制造、管理决策优化、大规模个性化定制、远程运维服务等新模式新业态蓬勃发展。数字内容、智能零售以及新的共享经济模式大量涌现,正在向满足更多元市场需求、更高效企业管理和更大范围价值创造迈进。新动能的加速壮大有力促进了新旧动能转换。2018 年,全国日均新登记企业达到 1.8 万户,市场主体数量首次突破 1 亿户;高技术产业增加值同比增长 11.7%,高出规模以上工业 5.5 个百分点。

第一章 创新创业环境

2018年,党中央、国务院做出了一系列重大决策部署,强化实施创新驱动发展战略,进一步推进大众创业万众创新深入发展,持续改善创新创业环境,为推动创新创业高质量发展、打造"双创"升级版提供了有力支撑。

第一节 健全体制机制

2018年,为进一步优化创新创业体制机制,党中央、国务院出台了一系列相关的政策措施,在推进"放管服"改革、加快构建区域协同发展新机制、健全人才激励政策、激发企业创新活力、优化财税支持力度等方面持续发力,取得了良好的成效,进一步激发了全社会的创新创业活力。

一、持续深入推进"放管服"改革

成立国务院推进政府职能转变和"放管服"改革协调小组。国务院办公厅印发《关于成立国务院推进政府职能转变和"放管服"改革协调小组的通知》(国办发〔2018〕65号),将国务院推进职能转变协调小组的名称改为国务院推进政府职能转变和"放管服"改革协调小组(以下简称协调小组),由韩正副总理担任协调小组组长。协调小组下设精简行政审批组、优化营商环境组、激励创业创新组、深化商事制度改革组、改善社会服务组 5 个专题组和综合组、法治组、督查组、专家组 4 个保障组,更加深入贯彻落实党中央、国务院决策部署,围绕推动高质量发展,加快推进政府职能深刻转变,在各地区各部门深化"放管服"改革的基础上,统筹研究推进政府职能转变和"放管服"改革重要领域、关键环节的重大政策措施,协调推动解决重点难点问题,指导督促各地区各部门落实改革措施,更大限度激发市场活力、调动人的积极性和社会创造力。

进一步取消、压减一批行政许可事项。2018 年 7 月,国务院印发《关于取消一批行政许可等事项的决定》(国发〔2018〕28 号),取消了 11 项行政许可等事项,包括企业集团核准登记、台港澳人员在内地就业许可、机动车维修经营许可、设立分公司备案等内容。国务院公布了《关于修改和废止部分行政法规的决定》(中华人民共和国国务院令第 698 号),清理取消行政许可项目及制约新产业、新业态、新模式发展涉及的行政法规,共对 18 部行政法规的部分条款予以修改,对 5 部行政法规予以废止。9 月,国务院印发《关于进一步压减工业产品生产许可证管理目录和简化审批程序的决定》(国发〔2018〕33 号),进一步压减工业产品生产许可证管理目录,取消 14 类工业产品生产许可证管理,将 4 类工业产品生产许可证管理权限下放给省级人民政府质量技术监督部门(市场监督管理部门),调整后继续实施工业产品生产许可证管理的产品共计 24 类,并对目录内产品实行简化审批程序。

不断优化营商环境。2018 年 1 月,国务院批复《上海市进一步推进"证照分离"改革试点工作方案》(国函〔2018〕12 号),支持上海市推进"证照分离"改革试点,先行试验一些重大行政审批制度改革措施,内容涉及 10 个领域 47 项具体事项。9 月,国务院印发《关于在全国推开"证照分离"改革的通知》(国发〔2018〕35 号),规定自

2018年11月10日起,在全国范围内对第一批106项涉企行政审批事项分别按照直接取消审批、审批改为备案、实行告知承诺、优化准入服务等四种方式实施"证照分离"改革。2018年5月,中共中央办公厅、国务院办公厅印发《关于深入推进审批服务便民化的指导意见》,全面推行审批服务"马上办、网上办、就近办、一次办"、深入推进审批服务标准化、持续开展"减证便民"行动、大力推行审批服务集中办理、着力提升"互联网+政务服务"水平、创新便民利企审批服务方式、深化行政审批中介服务改革等举措。国务院办公厅印发《关于进一步压缩企业开办时间的意见》(国办发〔2018〕32号),进一步简化企业从设立到具备一般性经营条件所必须办理的环节,压缩办理时间。国务院办公厅印发《关于开展工程建设项目审批制度改革试点的通知》(国办发〔2018〕33号),在北京市、天津市、上海市等16个省市开展工程建设项目审批制度改革试点,改革覆盖工程建设项目审批全过程(包括从立项到竣工验收和公共设施接入服务)。8月,国务院办公厅印发《关于部分地方优化营商环境典型做法的通报》(国办函〔2018〕46号),通报共涉及投资审批、便利企业开办和经营、提升贸易便利化等6大方面28项典型做法,进一步推动形成竞相优化营商环境的良好局面。11月,国务院办公厅印发《关于聚焦企业关切进一步推动优化营商环境政策落实的通知》(国办发〔2018〕104号),要求各部门以市场主体期待和需求为导向,围绕破解企业投资生产经营中的"堵点""痛点",加快打造市场化、法治化、国际化营商环境。

推进全国一体化在线政务平台建设。2018年6月,国务院办公厅印发《关于印发进一步深化"互联网+政务服务"推进政务服务"一网、一门、一次"改革实施方案》(国办发〔2018〕45号),要求到2018年底,"一网、一门、一次"改革初见成效,先进地区成功经验在全国范围内得到有效推广。7月,国务院印发《关于加快推进全国一体化在线政务服务平台建设的指导意见》（国发〔2018〕27号），要求加快建设全国一体化在线政务服务平台，推进各地区各部门政务服务平台规范化、标准化、集约化建设和互联互通，形成全国政务服务"一张网"。

二、加快构建区域协调发展新机制

积极推动促进区域协调发展。中共中央、国务院印发《关于建立更加有效的区域协调发展新机制的意见》，全面落实区域协调发展战略各项任务，促进区域协调发展向更高水平和更高质量迈进，到2020年建立与全面建成小康社会相适应的区域协调发展新机制。积极推动区域市场一体化建设。按照建设统一、开放、竞争、有序的市场体系要求，推动京津冀、长江经济带、粤港澳等区域市场建设，加快探索建立规划制度统一、发展模式共推、治理方式一致、区域市场联动的区域市场一体化发展新机制，促进形成全国统一大市场。进一步完善长三角区域合作工作机制，深化三省一市在规划衔接、跨省际重大基础设施建设、环保联防联控、产业结构布局调整、改革创新等方面合作。推动区域合作互动。深化京津冀地区、长江经济带、粤港澳大湾区等合作，提升合作层次和水平。积极发展各类社会中介组织，有序发展区域性行业协会商会，鼓励企业组建跨地区跨行业产业、技术、创新、人才等合作平台。加强城市群内部城市间的紧密合作，推动城市间产业分工、基础设施、公共服务、环境治理、对外开放、改革创新等协调联动，加快构建大中小城市和小城镇协调发展的城镇化格局。

加大自贸试验区改革创新力度。国务院印发《关于做好自由贸易试验区第四批改革试点经验复制推广工作的通知》（国发〔2018〕12号），共总结推广改革试点经验30条。国务院印发《关于支持自由贸易试验区深化改革创新若干措施的通知》（国发〔2018〕38号），在营造优良投资环境、提升贸易便利化水平、推动金融创新服务实体经济、推进人力资源领域先行先试等四大方面,提出53项具体举措,加快自贸试验区改革创新的步伐。此外,国务院批准印发了海南自贸试验区总体方案以及天津、福建、广东自贸试验区深化方案,突出各区域特色优势、区域特点,通过多角度、多举措,推进自贸试验区改革与区域改革联动机制的形成。

三、积极健全完善人才激励机制

加快推进人才分类评价机制改革。中共中央办公厅、国务院办公厅印发《关于分类推进人才评价机制改革的指导意见》《关于深化项目评审、人才评价、机构评估改革的意见》《关于进一步弘扬科学家精神加强作风和学风建设的意见》,提出以科学分类为基础,以激发人才创新创业活力为目的,加快形成导向明确、精准科学、规范有序、竞争择优的科学化社会化市场化人才评价机制,激发人才创新创业的积极性与活力。

加大创新人才、团队的支持力度。国务院印发《关于优化科研管理提升科研绩效若干措施的通知》(国发〔2018〕25号),加大对承担攻关任务科研人员的薪酬激励,对全时全职承担任务的团队负责人(领衔科学家/首席科学家、技术总师、型号总师、总指挥、总负责人等)以及引进的高端人才,实行一项一策、清单式管理和年薪制。《关于深化项目评审、人才评价、机构评估改革的意见》中提出,要加大对优秀人才和团队的稳定支持力度。国家实验室等的全职科研人员及团队不参与申请除国家人才计划之外的竞争性科研经费,由中央财政给予中长期目标导向的持续稳定经费支持。推动中央部委所属高校、科研院所完善基本科研业务费的内部管理机制,切实加强对青年科研人员的倾斜支持。加大对科研机构稳定支持力度,为科研人员潜心研究营造良好环境,让科研创新稳步推进,无后顾之忧。部分企业依托国家级创新研究中心、重点实验室平台,大力支持人才参与国家计划项目、科技攻关等重大项目、重大工程实施,对人才充分信任,放手使用,进一步释放创新人才的激情与活力。

重视技术工人在创新创业中的作用。中共中央办公厅、国务院办公厅印发《关于提高技术工人待遇的意见》,明确提出要建设知识型、技能型、创新型劳动者大军,通过提高高技能领军人才的经济待遇,鼓励企业为高技能领军人才制定职业发展规划和年资(年功)工资制度,试行高技能领军人才年薪制和股权期权激励,鼓励各类企业设立特聘岗位津贴、带徒津贴等举措,提高高技能领军人才参照高级管理人员标准落实经济待遇。对于参与国家科技计划项目的高技能领军人才,鼓励所在单位根据其在项目中的实际贡献给予绩效奖励。对于解决重大工艺技术难题和重大质量问题、技术创新成果获得省部级以上奖项、"师带徒"业绩突出的,取消学历、年限等限制,破格晋升技术等级,发挥高技能领军人才在技术创新等方面的重要作用。宣传高技能领军人才先进事迹,开展先进操作法总结、命名,推广绝招、绝技、绝活,制作教育纪录片,树立宣传典型等激励。

加大对海外创新创业人才的吸引力。按照《关于中国证监会落实〈国务院关于大力推进大众创业万众创新若干政策措施的意见〉任务分工的通知》(证监办发〔2015〕37号)的有关要求和放宽外国人开立 A 股账户政策的统一安排,证监会在 2018 年 8 月正式发布关于修改《上市公司股权激励管理办法》的决定,将境外工作的外籍员工纳入股权激励范围。2018 年 A 股上市公司共实施股权激励 397起,其中,自然人控股的上市公司实施 306 起,占总数的 77%。国务院印发《关于推动创新创业高质量发展打造"双创"升级版的意见》(国发〔2018〕32 号),提出要加强与国外孵化机构对接合作,吸引海外人才到国内创新创业。研究支持符合条件的孵化机构享受高新技术企业相关人才激励政策,落实孵化机构税收优惠政策。由中国科协与 35 家海外科技团体于 2003 年 12 月共同发起的"海智计划"也在本年度持续推进与海外人才和智力的对接活动。2018 年 11 月 25 日在京举办"2018 首都海归青年双创加速营"开营仪式，以服务海归青年创新驱动发展为主线，构建成果展示推介、技术对接、创新创业咨询的服务链，促进科技创新成果与产业化需求深度融合；聚焦国外未归来的高精尖群体（硕士博士），鼓励其回国开展创新创业；营造国际科技创新氛围，激发海外（归国）科技工作者的科技创新热情，引导其实现报国志向，服务北京科技创新中心建设，打造首都国际创新创业智力生态圈。

四、深化国有企业改革

进一步深化国有资本投资运营公司试点。国务院印发《关于推进国有资本投资、运营公司改革试点的实施意见》（国发〔2018〕23 号），提出了试点工作的总体要求，明确了两类公司的功能定位、组建方式、授权机制、治理结构、运行模式、监督与约束机制等主要内容，力求通过改组组建国有资本投资、运营公司，构建国有资本投资、运营主体，改革国有资本授权经营体制，完善国有资产管理体制，实现国有资本所有权与企业经营权分离，实行国有资本市场化运作，发挥国有资本投资、运营公司平台作用，促进国有资本合理流动，优化国有资本投向，向重点行业、关键领域和优势企业集中，推动国有经济布局优化和结构调整，提高国有资本配置和运营效率，更好服务国家战略需要。同时，鼓励国有资本投资、运营公司所持股国有控股企业中，符合条件的可优先支持同时开展混合所有制改革、混合所有制企业员工持股、推行职业经理人制度、薪酬分配差异化改革等其他改革试点，充分发挥各项改革工作的综合效应。

推进工资决定机制改革。国有企业工资决定机制改革是完善国有企业现代企业制度的重要内容，是深化收入分配制度改革的重要任务,事关国有企业健康发展,事关国有企业职工切身利益与创新创业活力。国务院印发《关于改革国有企业工资决定机制的意见》(国发〔2018〕16号),从改革工资总额决定机制、工资总额管理方式、完善企业内部工资分配管理、健全工资分配监管体制机制四个方面提出了改革意见,指出要按照深化国有企业改革、完善国有资产管理体制和坚持按劳分配原则、完善按要素分配体制机制的要求,以增强国有企业活力、提升国有企业效率为中心,建立健全与劳动力市场基本适应、与国有企业经济效益和劳动生产率挂钩的工资决定和正常增长机制,完善国有企业工资分配监管体制,充分调动国有企业职工的积极性、主动性、创造性,进一步激发国有企业创造力、提高市场竞争力。

着力推进中央企业创新发展。科技部、国资委联合印发《关于进一步推进中央企业创新发展的意见》(国科发资〔2018〕19号)指出,要建立特色鲜明、要素集聚、活力迸发的中央企业创新体系;突破一批核心关键技术,在若干重点产业领域形成一批具有国际影响力和竞争力的创新型中央企业;取得一批对国家经济社会发展具有重要作用的创新成果,推动高质量发展,为我国建成创新型国家和现代化经济体系提供强有力的支撑。并提出鼓励和支持中央企业参与国家重大科技项目、鼓励中央企业增加研发投入、支持中央企业发挥创新主体作用、支持中央企业打造协同创新平台、共同推动中央企业科技人才队伍建设、共同指导和推动中央企业深入开展"双创"工作、支持中央企业参与北京、上海科技创新中心建设、共同开展创新创业投资基金合作、支持中央企业开展国际科技合作9项重点任务。中国船舶重工集团公司2018年5月成立智能制造创新中心,以提升我国造船质量和效率为核心,以推动数字化、网络化、智能化发展为主线,突破一批关键技术与装备,全力构建具有鲜明特色的精益智能制造生产体系,促进我国船舶制造业由大变强的转变。国家电网公司积极推进能源互联网研究创新平台建设,推动能源科技创新变革,成立上海能源互联网研究院,为支撑上海科创中心建设,打造全新的能源互联网研究创新平台迈出坚实的一步。

第二节　完善扶持政策

2018年我国政府进一步完善激励政策,重点围绕做实成果、人才引进、军民融合、民营经济繁荣、就业带动等方面,出台了一系列政策举措,以更加完善的激励政策优化创新创业环境。

一、鼓励真抓实干做实成果

切实打通政策落实。国务院发布《关于推动创新创业高质量发展打造"双创"升级版的意见》(国发〔2018〕32号),以深入实施创新驱动发展战略,进一步激发市场活力和社会创造力,推动创新创业高质量发展、打造"双创"升级版。强调要通过强化创新创业政策统筹、细化关键政策落实措施、做好创新创业经验推广,切实打通政策落实"最后一公里"。

加大激励支持力度。国务院办公厅印发《关于对2017年落实有关重大政策措施真抓实干成效明显地方予以督查激励的通报》(国办发〔2018〕28号),对2017年落实推进供给侧结构性改革、适度扩大总需求、深化创新驱动、优化营商环境、保障和改善民生等有关重大政策措施真抓实干、取得明显成效的地方予以督查激励。国务院办公厅还印发《关于对真抓实干成效明显地方进一步加大激励支持力度的通知》(国办发〔2018〕117号),将2016年实施的24项督查激励措施调整增加为30项督查激励措施,对落实有关重大政策措施真抓实干、取得明显成效的地方进一步加大激励支持力度。

开展督查奖惩并举。国务院发布《关于开展2018年国务院大督查的通知》(国发明电〔2018〕3号),决定对各地区、各部门工作开展一次大督查。国务院办公厅还发布《关于对国务院第五次大督查发现的典型经验做法给予表扬的通报》(国办发〔2018〕108号),对北京市大力推进外国人来华工作许可制度改革等130项地方典型经验做法予以通报表扬。

二、激励高端人才引进培养

强化乡村振兴人才支撑。农业农村部办公厅印发《2018年农业农村部人才工作要点》的通知(农办人〔2018〕14号)指出,要紧紧围绕实施乡村振兴战略、加快推进农业农村现代化,深入推进农业农村人才发展体制机制改革,着力培养懂农业、爱农村、爱农民的农业农村人才队伍,汇聚全社会力量,不断强化乡村振兴人才支撑。

各地强化高层次人才吸引。成都市印发了《成都市深入实施创新驱动发展战略打造"双创"升级版若干政策措施》(成府发〔2018〕11号),大力实施海内外高层次人才来蓉创新创业计划;西安市印发了《西安市人民政府关于支持西安国家自主创新示范区聚集创投机构和创投人才的若干意见》(市政发〔2018〕37号);中共南京市委办公厅、南京市人民政府办公厅印发了《关于深化人才发展体制机制改革打造国际化创新创业人才高地的若干政策意见》的通知(宁委办发〔2018〕12号);东莞市人民政府印发了《东莞市产业发展与科技创新人才经济贡献奖励实施办法》的通知(东府〔2018〕75号)。

放宽人才落户出入境等限制。2018年,包括武汉、郑州、合肥、南京等在内的多个二三线城市,频繁出台落户新政,降低住房门槛,向各类人才抛出橄榄枝。郑州市提出"智汇郑州"人才新政;成都市开始实施条件入户、积分入户"双轨制"和出入境人才新政十五条;广东省计划5年投63亿元给博士、博士后;杭州市聚焦"国际人才引育留用机制"，重点围绕外国人才引进和本土人才国际化培养，创新提出"全球聚才十条""开放育才六条"等政策。

三、促进民营经济繁荣创新

为民营经济加油鼓劲。习近平总书记连续几次给民营经济和中小企业加油鼓劲。2018年9月27日，习近平总书记在辽宁调研考察时强调："改革开放以来，党中央始终关心和支持民营企业。我们要毫不动摇鼓励、支持、引导非公有制经济发展。"2018年10月20日，习近平总书记给民营企业家的回信中，又明确表示："民营经济的历史贡献不可磨灭，民营经济的地位作用不容置疑，任何否定、弱化民营经济的言论和做法都是错误的。"2018年10月22—25日，习近平总书记在广东考察民营经济和中小企业时再次高度清晰地重申："党中央一直重视和支持非公有制经济发展，这一点没有改变、也不会改变"，为新时代民营经济的繁荣发展，注入强大的信心和动力。

推动民营企业创新发展。科技部、全国工商联印发《关于推动民营企业创新发展的指导意见》（国科发资〔2018〕45号），提出要大力支持民营企业参与实施国家科技重大项目，积极支持民营企业建立高水平研发机构，力促民营企业推动大众创业万众创新，加强优秀创新型民营企业家和民营企业创新人才培育，落实支持民营企业创新发展的各项政策，完善科技金融促进民营企业发展，推动民营企业参与军民协同创新，推进民营企业开展国际科技合作，引导民营企业支持基础研究和公益性研究等重点任务。

减税降负服务民营经济。国家税务总局《关于实施进一步支持和服务民营经济发展若干措施的通知》（税总发〔2018〕174号）发布，提出了促进民营企业减税降负、增进民营企业办税便利、助力民营企业纾困解难、保障民营企业合法权益、确保各项措施落实见效等举措，切实履行好税务部门职责，积极推动民营经济发展壮大。

各地方政府积极响应。2018 年,安徽省召开促进民营经济发展大会,全力推动民营经济大发展大繁荣,出台《中共安徽省委、安徽省人民政府关于大力促进民营经济发展的若干意见》(皖发〔2018〕38 号);山东省政府印发《支持民营经济高质量发展的若干意见》(鲁政发〔2018〕26 号),提出六大方面 35 条具体措施,为民营企业提供政策支持,指明发展方向;浙江省进一步出台方案,计划实施 10 方面 31 项举措,激发民营经济内生动力,支持民营经济高质量发展,计划三年为企业降本减负 5000 亿元。

四、稳定提升服务就业水平

把稳就业摆在突出位置。《国务院关于做好当前和今后一个时期促进就业工作的若干意见》(国发〔2018〕39 号)指出,必须把稳就业放在更加突出位置,坚持实施就业优先战略和更加积极的就业政策,支持企业稳定岗位,促进就业创业,强化培训服务,确保当前和今后一个时期就业目标任务完成和就业局势持续稳定。《人力资源社会保障部关于做好 2018 年全国高校毕业生就业创业工作的通知》(人社部函〔2018〕16 号)指出,各地要坚持把高校毕业生就业摆在就业工作首位,确保高校毕业生就业水平总体稳定、就业局势基本平稳。

多种渠道促进就业。《关于大力发展实体经济积极稳定和促进就业的指导意见》(发改就业〔2018〕1008 号)发布,从发展壮大新动能、创造更多高质量就业岗位,促进传统产业转型升级、引导劳动者转岗提质就业,深入推进创新创业、催生吸纳就业新市场主体,加快农业供给侧结构性改革、培育新型农业经营主体和新型职业农民,支持返乡下乡创业、拓宽农村劳动力转移就业渠道,推动新型城镇化高质量发展、扩大就地就近就业规模,推进高水平对外开放、稳定和促进外向型就业,健全联动机制、提高职业技能培训基础能力,加强统筹施策、加大援企稳岗力度,提高监测预警能力、强化失业风险应对等方面提出意见。

推进就业培训和公共服务。《人力资源社会保障部财政部商务部国务院国资委共青团中央全国工商联关于实施三年百万青年见习计划的通知》（人社部函〔2018〕186号）指出，要帮助青年加强岗位实践锻炼、提升就业能力，决定于2019年1月1日起实施三年百万青年见习计划。《人力资源社会保障部国家发展改革委财政部关于推进全方位公共就业服务的指导意见》（人社部发〔2018〕77号）指出，要坚持就业优先战略和积极就业政策，提供全方位公共就业服务。更好服务稳就业工作，推动实现更高质量和更充分就业。

推动中小企业与毕业生对接。为贯彻落实党的十九大精神，促进高校毕业生多渠道创业就业，进一步引导和鼓励高校毕业生到中小企业工作，优化中小企业人才结构，推动中小企业高质量发展，工业和信息化部办公厅、教育部办公厅联名发布《关于开展2018年中小企业与高校毕业生创业就业对接服务工作的通知》（工信厅联企业〔2018〕20号），明确了开展中小企业与高校毕业生创业就业对接服务的有关工作。

五、加大创新创业支持力度

加大创业担保贷款贴息政策支持力度。《国务院关于做好当前和今后一个时期促进就业工作的若干意见》（国发〔2018〕39号）将个人和小微企业创业担保贷款额度上限分别从10万和200万提高至15万和300万元。财政部、人力资源社会保障部、人民银行印发《关于进一步做好创业担保贷款财政贴息工作的通知》（财金〔2018〕22号），将农村自主创业农民纳入政策支持范围，放宽贷款申请人有关商业贷款记录等限制条件，对优秀创业人员等特定群体原则上取消反担保，允许贷款申请人累计享受3次贴息支持。财政部、人民银行、银保监会、人力资源社会保障部印发《关于进一步做好创业担保贷款贴息政策监测分析工作的通知》（财金〔2018〕107号），加强创业担保贷款精准化管理，建立健全征信数据报送机制，不断提升财政资金使用效益和政策实施效果。

推进创新创业主体税收优惠政策落实。财政部、国家税务总局、人力资源社会保障部联合印发《关于进一步落实重点群体创业就业税收政策的通知》（财税〔2018〕136号），进一步推进重点群体创业就业政策落实到位，要求各级财政、税务、人力资源社会保障等部门健全信息共享机制，优化办税流程，主动做好政策宣传和解释工作，加强调查研究，密切跟踪税收政策执行情况，及时解决政策落地过程中出现的困难和问题。财政部、税务总局、科技部、教育部联合印发《关于科技企业孵化器、大学科技园和众创空间税收政策的通知》（财税〔2018〕120号），进一步鼓励创业创新，提出自2019年1月1日至2021年12月31日，对国家级、省级科技企业孵化器、大学科技园和国家备案众创空间自用以及无偿或通过出租等方式提供给在孵对象使用的房产、土地，免征房产税和城镇土地使用税；对其向在孵对象提供孵化服务取得的收入，免征增值税，切实减轻了科技企业孵化器、大学科技园和众创空间的税收负担。财政部、税务总局联合印发了《关于创业投资企业和天使投资个人有关税收政策的通知》（财税〔2018〕55号），进一步支持创业投资发展，规定了公司制创业投资企业、有限合伙制创业投资企业、天使投资个人采取股权投资方式直接投资于初创科技型企业应纳税所得额抵扣办法。

第三节　优化创业服务

党中央、国务院持续加大创新创业政策力度，进一步充实创新创业环境，通过加强完善影响创新创业发展的因素，包括进一步减税降费,减轻企业负担;加大平台建设力度,营造良好创业环境;进一步实施"放管服"改革,健全服务体系,提高服务效率等。2018年全国城镇新增就业1361万人,比上年增加10万人,全国城镇新增就业1100万人的目标任务已超额完成。

一、全方位鼓励支持就业创业

出台就业"十三五"规划。国务院印发《"十三五"促进就业规划》,这是"十三五"时期指导全国促进就业工作的战略性、综合性、基础性规划,提出到2020年要实现的目标,制定62项具体任务并落实到各部门,包括:"十三五"时期城镇新增就业5000万人以上;全国城镇登记失业率控制在5%以内、劳动年龄人口平均受教育年限达到10.8年等。

健全就业创业政策举措。国务院印发《关于推动创新创业高质量发展打造"双创"升级版的意见》和《关于做好当前和今后一个时期促进就业工作的若干意见》,要求培育更多充满活力、持续稳定经营的市场主体,直接创造更多就业岗位,带动关联产业就业岗位增加,促进就业机会公平和社会纵向流动,实现创新、创业、就业的良性循环。强调坚持实施就业优先战略和更加积极的就业政策,支持企业稳定岗位,促进就业创业,强化培训服务,确保当前和今后一个时期就业目标任务完成和就业局势持续稳定。

完善创业就业服务体系。人社部、发改委、财政部联合印发《关于推进全方位公共就业服务的指导意见》(人社部发〔2018〕77号),提出完善城乡统筹的公共就业服务制度,扩大服务供给,创新运行机制,提供覆盖全民、贯穿全程、辐射全城、便捷高效的全方位公共就业服务,以全方位公共就业服务促进就业增长。人社部印发《关于开展2019年全国公共就业服务专项活动的通知》,要求各地在2019年统一组织开展就业援助月、春风行动等10项全国性公共就业服务专项活动,努力形成"10+N"专项活动格局,即 10 项全国公共就业服务专项活动,N 项根据市场需求创造性开展的本地专项服务活动,着力打造公共就业服务品牌,为促进就业和稳定就业局势发挥积极作用。

二、积极支持多主体创新创业

支持中央企业创新创业。科技部、国资委共同指导和推动中央企业深入开展"双创"工作。支持中央企业围绕主营业务和发展需要,推行众创、众包、众扶、众筹等创新模式,建立一批特色鲜明、创客聚集、资源开放、机制灵活、成效显著的专业化众创空间;支持中央企业面向中小企业开放创新资源,建设大中小企业融通发展的众创平台;共同支持办好中央企业熠星创新创意大赛,加强与"中国创新创业大赛"的协调联动和资源整合;发展完善科技金融,为创新创业提供金融服务和融资支持。中央企业积极采取创新孵化、投资融资、技术创新、商业模式创新、创新创意活动等形式,不断完善体制机制,进一步增强企业科技创新能力,不但在电子信息、先进制造等新兴技术领域取得一系列成果,在石油石化、钢铁、煤炭等传统产业也全方位推进。共青团中央和中国移动公司联合启动"百万青年创业就业计划",打造基于移动互联网平台开展自主就业创业的环境和机制,已在全国 16 个省市建设 90 个高校就业孵化基地和 12 个社会创业孵化基地,聚集 173 万青年开发者,征集参赛作品超过 111 万件。中煤集团公司聚焦"两商"战略,充分调动一线蓝领技术工人创新热情,按照"技术、技能领军人才牵头+职工参与+创新创效+传承传授+线上线下"的模式,累计建成创新工作室 185 个,其中由集团公司挂牌命名的职工创新工作室 60 个,为生产现场技术难题攻关作出了突出贡献。下一步国资委和中央企业将依托创新型企业和国家双创示范基地建设,搭建资源开放共享的青年创新创业平台。同时将借助互联网、大数据等信息技术,搭建线上线下相结合的青年创新创业智慧平台,建设一批青年创新孵化基地、青年创新工作室。

支持中小微企业创新创业。财政部、税务总局 2018 年发布一系列政策措施,在税收政策和管理等方面给予中小微企业更大支持。财政部、税务总局发布《关于延长高新技术企业和科技型中小企业亏损结转年限的通知》(财税〔2018〕76 号),自 2018 年 1 月 1 日起,当年具备高新技术企业或科技型中小企业资格(以下统称资格)的企业,其具备资格年度之前 5 个年度发生的尚未弥补完的亏损,准予结转以后年度弥补,最长结转年限由 5 年延长至 10 年;财政部、税务总局发布《关于进一步扩大小型微利企业所得税优惠政策范围的通知》(财税〔2018〕77 号)规定自 2018 年 1 月 1 日至 2020 年 12 月 31日,将小型微利企业的年应纳税所得额上限由 50 万元提高至 100 万元,对年应纳税所得额低于 100 万元(含 100 万元)的小型微利企业,其所得减按 50%计入应纳税所得额,按 20%的税率缴纳企业所得税;在此基础上,国家税务总局发布《关于贯彻落实进一步扩大小型微利企业所得税优惠政策范围有关征管问题的公告》(国家税务总局公告 2018 年第 40 号),进一步优化小型微利企业所得税征管。财政部、工信部、科技部共同启动支持"打造特色载体推动中小企业创新创业升级"政策,明确 2018—2020 年将支持 200 个实体经济开发区打造大中小企业融通型、科技资源支撑型等不同类型的"双创"特色载体,提升"双创"资源融通质量与效率;继续支持中国创新创业大赛,引导和汇聚社会各界力量支持创新创业。

支持农民工返乡创业。为了进一步激发农民工、大学生和退役士兵等人员返乡下乡创业,各地纷纷结合实际,积极完善和创新农民工返乡下乡创业服务手段,促其就业创业。吉林省出台进一步推进农民工等人员返乡下乡创业的政策措施,完善返乡下乡创业基地支持机制;湖北省出台全省农民工等人员返乡创业三年行动计划,四川省政府出台促进返乡下乡创业 22 条措施;河南省鹿邑县双创示范基地根据本地劳动力特征，与上海、浙江等文化创业产业高地相联动，选送优秀的青年打工者到上海、浙江等地的文创企业定向委培，打工者在实践中历练为创业者，形成"返乡创业、招商引资"良性互动的新局面，被当地人形象地称为"引凤筑巢"。

支持基层创业就业和培训。 2018年5月，国务院印发《关于推行终身职业技能培训制度的意见》（国发〔2018〕11号），提出要建立并推行覆盖城乡全体劳动者、贯穿劳动者学习工作终身、适应就业创业和人才成长需要以及经济社会发展需求的终身职业技能培训制度，这是当前和今后一个时期推进职业技能培训工作的指导性文件。10月，人社部、财政部印发《关于全面推行企业新型学徒制的意见》，人社部印发《技能人才队伍建设实施方案（2018—2020年）》，完善了2018—2020年技能人才队伍建设工作的政策措施；教育部印发《关于做好2018届全国普通高等学校毕业生就业创业工作的通知》鼓励毕业生服务国家发展战略，引导毕业生到基层就业，拓宽毕业生基层就业渠道，鼓励毕业生到城乡基层从事教育文化、健康养老、扶贫开发等工作，到社会组织就业。

三、强化公共服务信息化支撑

互联网+政务服务规范化。 2018年，随着新一代信息技术的持续应用，新型电子政务模式进入全面构建和健康发展时期，国务院办公厅印发《关于进一步深化"互联网+政务服务"推进政务服务"一网、一门、一次"改革实施方案的通知》，指出到2018年年底，"一网、一门、一次"改革初见成效；到2019年年底，重点领域和高频事项基本实现"一网、一门、一次"。同时按照政务服务"一网通办"的要求，加快建设国家、省、市三级互联的网上政务服务平台体系，推动政务服务"一次登录、全网通办"，大幅提高政务服务便捷性。

政务数据共通共享。 各地"掌上政务"平台通过整合各部门信息和服务功能,打破政务信息壁垒,着力打造成为集政务信息发布、部门政务服务、社会管理服务、居民民主参与于一体的综合性"掌上政务"平台。2018年,我国"互联网+政务服务"深化发展,各级政府依托网上政务服务平台,推动线上线下集成融合,实时汇入网上申报、排队预约、审批审查结果等信息,加强建设全国统一、多级互联的数据共享交换平台,通过"数据多跑路",实现"群众少跑腿"。通过打通"数据孤岛",创新业务流程,实现公共服务可记录、可跟踪、可评议,最终实现群众"最多跑一次"。《中国互联网络发展状况统计报告》显示,我国在线政务服务用户规模达3.94亿,占整体网民的47.5%。

加快政务服务转型。各级政府部门积极打破固有思维,转变工作模式,加快推动政务服务全面转型,推动政务服务线上线下"一体化"办理。目前我国已建成31个省级政务服务平台,30多个国务院部门建设开通了部门政务服务平台。其中,20个地区构建了省市县三级以上网上政务服务体系。在31个省级平台提供的22152项省级行政许可事项中,16168项已经具备网上在线预约预审功能条件,占比72.98%,平均办理时限压缩24.96%。此外,我国有超过65%的省市建立了政务云平台。贵州省"云上贵州"系统平台汇聚了214个政府部门和机构部署的715个应用系统,实现全省政府数据统筹存储、统筹共享;上海市通过"市民云",民众已实现包括在线查询个人医保金、公积金、养老金等在内的72项应用,下一步还将有个人健康档案、医院预约挂号等40多项服务上线。搭载"互联网+"新快车,政府工作模式正发生深刻变化,逐渐实现政务服务"零距离",群众办事"走新路",为人民群众提供更高效、更便捷的服务。

四、加强跨境营商环境优化

2018年9月18日和26日,李克强总理主持召开国务院第25次和第26次常务会议研究优化口岸营商环境工作,第25次常务会围绕"减单证、优流程、提时效、降成本"提出了20条具体措施,第26次常务会进一步明确了3个方面的指标任务。10月31日,世界银行发布了《2019年营商环境报告》,我国的整体排名大幅提升,其中跨境贸易排名由97名升至65名,跃升32名。进出口整体通关时间压缩比连续8周稳定在40%以上。2017年12月的进口整体通关时间为97.39小时,2018年10月份相比上年时间压缩至50.14小时。11月1日前已经将进出口环节需验核的监管证件数量从86种减至46种,除4种不能联网外,其余42种监管证件全部依托"单一窗口"实现联网核查。监管证件办理程序进一步优化,从10月15日起实现自动进口许可证和进口许可证(除消耗臭氧层物质外)申请、签发、通关全流程无纸化。

第四节　强化科技支撑

创新是引领发展的第一动力,也是建设现代化经济体系的战略支撑。伴随我国经济发展进入新常态,科学技术迅猛发展,传统产业升级和商业模式变革,工业和服务业融合发展,科技创新深刻改变生产生活方式,为我国转变经济发展方式、优化经济结构、转换增长动力提供机遇。

一、加强基础科研支撑能力

加强基础科学研究。基础研究是建设创新型国家的根本动力和源泉。2018年1月19日,国务院印发《关于全面加强基础科学研究的若干意见》,从完善基础研究布局、建设高水平研究基地、壮大基础研究人才队伍、提高基础研究国际化水平、优化基础研究发展机制和环境等四个方面提出加强基础研究的意见。

布局推进国家技术创新中心建设。2018 年,科技部批复北京新能源汽车股份有限公司建设国家新能源汽车技术创新中心,这是科技部依托企业建设的第二家国家技术创新中心。国家技术创新中心明确了搭建专业化创新创业平台,推动科技型创新创业的重点建设任务,提出要充分利用国内外创新资源,搭建专业化众创空间和各类孵化服务载体,加强资源开放共享与产学研用合作,带动一批科技型中小企业发展壮大。

优化教育投入结构。教育是发展科学技术和培养人才的基础,国家财政教育资金分配和使用效率直接决定着教育的质量,决定科学技术的发展和人才的培养。针对教育经费多渠道筹集的体制不健全,教育经费监督管理等问题,为进一步调整优化结构、提高教育经费使用效益,2018 年 8 月,国务院办公厅印发《关于进一步调整优化结构提高教育经费使用效益的意见》。

夯实基础设施。2018 年 8 月 24 日,时任国家发改委高技术司巡视员伍浩在新闻发布会上表示,"要着力打造北京、上海、粤港澳大湾区三个具有全球影响力的科技创新中心",强调应在夯实创新基础设施等方面发力。2018 年 8 月 14 日,工业和信息化部组织开展 2018 年产业技术基础公共服务能力提升和行业质量共性技术推广项目申报工作。依据《工业和信息化部办公厅关于做好 2018 年产业技术基础公共服务平台申报工作的通知》(工信厅科函〔2018〕251号),确定 26 家单位列入工业和信息化部第三批产业技术基础公共服务平台(部省共建)名单。

加强基础科学开放创新。《国务院关于全面加强基础科学研究的若干意见》(国发〔2018〕4 号)强调,要主动融入全球创新网络,加强创新能力开放合作,打造国际合作新平台,共同应对全球关注的重大科学挑战。要深化基础研究国际合作,加大国家科技计划开放力度,支持海外专家牵头或参与国家科技计划项目,吸引国际高端人才来华开展联合研究,加快提升我国基础科学研究水平和原始创新能力。深化政府间科技合作,建立国际创新合作平台,联合开展科学前沿问题研究。

二、强化关键领域技术突破

规范重大专项管理。国家科技重大专项是关系国计民生和国家安全的重大关键技术,国家科技重大专项的有效实施将有利于提升我国核心竞争力和国际地位。科技部、发展改革委、财政部三部门2018年12月共同研究制定《进一步深化管理改革激发创新活力确保完成国家科技重大专项既定目标的十项措施》,以进一步优化、简化国家科技重大专项的组织管理和工作流程,激发创新活力推动重大专项的组织实施。

加快新材料产业重点平台建设。21世纪新材料的研制和应用已经成为科技发展的主要方向。世界材料产业的产值以每年约30%的速度增长,化工新材料、微电子、光电子、新能源成了研究最活跃、发展最快、最为投资者所看好的新材料领域,材料创新已成为推动人类文明进步的重要动力之一。为贯彻落实《新材料产业发展指南》,加快新材料产业重点平台建设,工业和信息化部、财政部联合制定印发《国家新材料产业资源共享平台建设方案》。

明确人工智能产业创新重点任务。人工智能是计算机学科的分支,被称为20世纪70年代以来世界三大尖端技术之一(空间技术、能源技术、人工智能)。据《中国AI发展报告2018》统计,中国在人工智能方面的人才拥有量居全球第二;在资金吸纳能力方面,中国人工智能投资占全球的60%;在全球人工智能专利布局上中国已超美国和日本,成为全球人工智能行业专利最多的国家。为进一步推动我国新一代人工智能产业创新发展,落实《促进新一代人工智能产业发展三年行动计划(2018—2020年)》,2018年11月8日工业和信息化部办公厅制定《新一代人工智能产业创新重点任务揭榜工作方案》。

组织大数据产业发展试点示范项目。2018 年 3 月 17 日国务院办公厅印发《科学数据管理办法》。为落实《国务院关于印发促进大数据发展行动纲要的通知》（国发〔2015〕50 号）和《大数据产业发展规划（2016—2020 年）》（工信部规〔2016〕412 号），务实推动大数据产业创新发展，根据《工业和信息化部办公厅关于组织开展 2018 年大数据产业发展试点示范项目申报工作的通知》，工业和信息化部办公厅于 2018 年 10 月 27 日公布 200 个 2018 年大数据产业发展试点示范项目。

促进数字经济和实体经济融合发展。以数字化的知识和信息作为关键生产要素的数字经济成为全球经济复苏的新引擎。我国数字经济经过多年发展，受重视程度日益提高。在 2018 年 4 月 20—21 日的全国网络安全和信息化工作会议上，习近平总书记强调，"要围绕建设现代化经济体系、实现高质量发展，加快信息化发展，整体带动和提升新型工业化、城镇化、农业现代化发展。要发展数字经济，加快推动数字产业化和产业数字化"。2018 年 4 月 24 日，习近平总书记向首届数字中国建设峰会致贺信指出："要以信息化培育新动能，用新动能推动新发展，以新发展创造新辉煌。激发社会各界建设数字中国的积极性、主动性、创造性，推动信息化更好造福社会、造福人民。"

三、强化科技成果转化支持

加强产教融合。2017 年年底国务院办公厅印发了《关于深化产教融合的若干意见》，2018 年教育部等六部门印发《职业学校校企合作促进办法》，《意见》侧重产教融合，而《办法》侧重校企合作，两个文件共同形成了深化产教融合、校企合作，推动职业教育提高质量的政策"组合拳"。

促进科技成果转化。科技是经济增长的发动机,是提高综合国力的主要驱动力。促进科技成果转化、加速科技成果产业化,已经成为世界各国科技政策的新趋势。为深入落实《国家技术转移体系建设方案》,加快发展技术市场,健全技术转移机制,促进科技成果资本化和产业化,教育部于 2018 年 5 月 18 日印发《高等学校科技成果转化和技术转移基地认定暂行办法》,科技部于 2018 年 5 月 28 日印发《关于技术市场发展的若干意见》。出台科技成果转化现金奖励减按 50%缴纳个人所得税优惠政策措施,激励科研人员将创新成果向企业尤其是科创企业转移转化。2018 年成交技术合同 41 万多项,成交金额近 1.8 万亿元;国家科技成果转化基金已设立 21 支子基金,总规模达 313 亿元,放大倍数超过 4 倍。成为促进成果转化的重要力量。

建设产业信息中心。产业信息中心对于关键共性技术、前沿引领技术、现代工程技术、颠覆性技术创新具有重要作用。为贯彻落实《中共中央、国务院关于深化体制机制改革加快实施创新驱动发展战略的若干意见》(中发〔2015〕8 号),促进科技成果转化,育成新产业、培育新动能,国家发展改革委于 2018 年 1 月 11 日印发《国家产业创新中心建设工作指引(试行)》。

深化"互联网+先进制造业"发展。推进信息化与工业化深度融合,加快推动新一代信息技术与制造技术融合发展,把智能制造作为两化深度融合的主攻方向。为深入贯彻落实《国务院关于深化"互联网+先进制造业"发展工业互联网的指导意见》,加快培育一批实力强、服务广的跨行业跨领域工业互联网平台,有效支撑制造业转型升级,工业和信息化部组织开展跨行业跨领域工业互联网平台申报工作。

四、推进科技环境多方保障

加强政策指引。政策对产业化发展方向具有指引作用。2018年12月20日,为贯彻落实党中央、国务院关于高质量发展和区域协调发展的决策部署,深入推进产业有序转移和转型升级,工业和信息化部对《产业转移指导目录(2012年本)》进行了修订,形成《产业发展与转移指导目录(2018年本)》。为加快推进智能制造发展,指导智能制造标准化工作的开展,工业和信息化部国家标准化管理委员会于2018年8月14日印发《国家智能制造标准体系建设指南(2018年版)》。

推进保险补偿机制建设。保险补偿机制的建设有利于降低科技成果产业化的风险,有利于加快科技成果的转化。为进一步组织做好2018年度重点新材料首批次应用保险补偿机制试点工作,工业和信息化部办公厅、银保监会办公厅按照《关于开展重点新材料首批次应用保险补偿机制试点工作的通知》要求,开展2018年度重点新材料首批次应用保险补偿机制试点工作。

促进大中小企业融通发展。大中小企业融通发展是落实党中央、国务院为中小企业发展创造更好条件、推动中小企业创新发展的决策部署,贯彻创新驱动发展战略、建设制造强国和网络强国、推动经济高质量发展、促进大企业创新转型、提升中小企业专业化能力的重要手段。为贯彻落实《国务院关于推动创新创业高质量发展打造"双创"升级版的意见》(国发〔2018〕32号)提出的实施大中小企业融通发展专项行动计划,工业和信息化部、国家发展和改革委员会财政部、国务院国有资产监督管理委员会于2018年11月21日印发《促进大中小企业融通发展三年行动计划》。

推进资源共享。资源平台的共享有利于促进创新资源的有效利用。为深入实施创新驱动发展战略,规范管理国家科技资源共享服务平台,推进科技资源向社会开放共享,依据《国家科技创新基地优化整合方案》(国科发基〔2017〕250号),科技部、财政部共同研究制定了《国家科技资源共享服务平台管理办法》,并于2018年2月13日印发。2018年8月至10月,科技部、财政部会同有关部门,委托国家科技基础条件平台中心按照《国务院关于国家重大科研基础设施和大型科研仪器向社会开放的意见》和中央改革办督察组的要求,开展中央级高等学校和科研院所等单位科研设施与仪器开放共享评价考核工作。参评的科研仪器年平均有效工作机时为1340小时,平均对外服务机时为226小时。参评的76个重大科研基础设施运行和开放共享情况较好。纳入国家网络平台统一管理的仪器入网比例为79%。80%的参评单位建立了在线服务平台,并实现了与国家网络管理平台互联对接。76%的参评单位制定了仪器开放管理制度,一些单位还建立了购置仪器的约束性机制。

第五节　营造创业文化

创新创业文化建设是创新创业升级发展的重要组成部分,2018年为营造更加浓厚的创新创业文化氛围,按照推动高质量发展的总体要求,各部委、地方组织开展了一系列创新创业活动。

一、"双创"活动周精彩纷呈

2018年全国大众创业万众创新活动周于10月9日在四川成都拉开帷幕,李克强总理作出重要批示。活动周设立了成都主会场和北京会场,在全国各地设立分会场,并首次同步举办海外双创周。本次活动以"高水平双创、高质量发展"为主题,聚焦打造"双创"升级版。活动周期间,全国各地共举办活动超过 7000 场,线上线下参与活动的观众超过 1 亿人次,媒体报道超过 4 万篇,海外活动拓展到 4 大洲 21 个国家 45 座城市。成都主会场主体展示区展出的 150 个项目是从全国各部委、地方和双创示范基地推荐的 2200 多个申报项目中精心遴选产生,是一年来全国最新的创新创业成果。北京会场共展出 600 余个项目,是历届活动周以来的最大规模,代表了首都创新创业的最高水平。

二、创新创业大赛推进成果落地

2018 年各类创新创业大赛精彩纷呈,有关部委、双创示范基地组织开展了形式多样、内容丰富的比赛,积极为创新创业者提供全方位服务,激发全社会创新创业热情,推动创新创业快速发展,为促进高质量发展、推动大众创业万众创新上水平提供了有力支撑,取得了积极成效。

2018 年 4 月 23 日,第七届中国创新创业大赛在北京启动,大赛以“科技创新,成就大业”为主题,始终坚持“政府引导、公益支持、市场机制”的办赛理念,采用“赛马场上选骏马,市场对接配资源”的模式,聚合政府、市场等各类资源支持创新创业,进一步激发全社会创新创业热情,扶持中小微企业创新发展。本次大赛由杭州、宁波、洛阳、广州、深圳和重庆分别举办互联网、新材料、先进制造、生物医药、电子信息、新能源及节能环保 6 个行业总决赛。大赛汇聚了多项政策重点支持大赛的优秀企业,包括:推荐给众多国家级投资基金;合作银行给予贷款授信支持;推荐参加“创新人才推进计划”等相关计划的评选;推荐参加国家级展览交流活动等。为了让参赛企业在大赛平台上获得多元化服务,全国总决赛期间还组织了一系列创业服务活动,包含培训辅导、融资路演、展览展示、大小企业对接等。

2018 年 6 月,共青团中央、中央网信办、工业和信息化部、人力资源社会保障部、农业农村部、商务部、国务院扶贫办、全国学联决定,共同举办第五届"创青春"中国青年创新创业大赛,吸引包括港澳台地区青年在内的 8 万个青创项目、30 多万名创业青年参赛,深化"创青春·中国青年创业行动",鼓励和支持广大青年走在大众创业万众创新前列,建功新时代,展现新作为。

2018 年,工业和信息化部继续举办"创客中国"创新创业大赛,着力打造为中小企业和创客提供交流展示、产融对接、项目孵化的平台。累计参赛并入库项目 8112 个,同比增长 53.8%。举办区域赛 26 场、专题赛 23 场,较 2017 年分别增长 117% 和 92%,覆盖全国 70% 省区市。其中:大赛总决赛现场组织多家创投机构观摩总决赛 24 强路演,4 家投资机构与 6 个项目现场签署了投资意向书,意向投资金额达 4.9 亿元。广东省对落地广东并成功获得股权融资的项目给予奖励,并组织超过 150 家龙头企业、100 家投资机构与大赛项目对接;湖南省共形成服务对接成果 214 个,达成投融资意向 3.7 亿元,获得授信 11.2 亿元;产业互联网专题赛组织投资对接会,60 多个项目获得投资意向,意向投资总额近 3 亿元。

由教育部等部门主办的第四届中国"互联网+"大学生创新创业大赛在厦门大学举行,孙春兰副总理出席。中国"互联网+"大学生创新创业大赛自成立以来,已经成为中国覆盖面最广、影响力最大的大学生创新创业盛会。在前三届基础上,本届大赛规模进一步扩大,共有 2200 多所高校的 265 万大学生报名参赛,充分展示了新时代大学生的创新创业能力和创新创业成果。

第三届"中国创翼"创业创新大赛是由人力资源社会保障部、国家发展改革委、科技部、共青团中央、中国残联共同举办的大赛,大赛主题为"创响新时代、共圆中国梦",10 月 15 日在河南郑州举办总决赛,胡春华副总理出席。本届大赛全国报名参赛项目达 3 万多个,通过层层选拔,共有 232 个项目进入全国选拔赛和决赛。除了获奖的

92个项目外,26个省份获得优秀组织奖,10个机构获得优秀创业服务机构奖,河南省获得特别贡献奖。

各示范基地也陆续推出丰富多彩的创新创业大赛。例如国家电网有限公司以公司各类线上创新平台为基础,广泛开展公司各类"双创"线下活动。目前,成功举办第四届"青创赛"、首届职工技术创新"双越之星"劳动竞赛、公司纪念QC小组活动40周年等活动,全年公司共举办创新创业大赛867个,吸引8000余个青年创新团体和12万余名公司职工参与,参赛项目25354个,2018年共推动200余项职工技术创新成果转化应用。中国电子信息产业集团有限公司举办了2018中国电子"i+"创新大赛,以"智创、匠心"为主题,聚焦网络安全和信息化、信息服务(现代化城市建设)、新型显示、集成电路等核心业务方向,在全国范围内分设5大赛区,举办了"中国电子i+创新大赛暨合作伙伴大会",打造出"双创"模式2.0版。大会累计发布了5个领域27类合作需求,吸引了1000多家中小微企业参加,现场签约18家,促成业务对接51家,带动了中小微企业融通发展。

三、创新创业国际化加速推进

海外双创活动进一步扩展。2018年海外活动周场次从往年的十几场增加到一百多场,在全球更大范围展示我国大众创业万众创新政策、环境和成就。建设线上活动周平台,针对重点项目、重点活动开发线上体验项目,不断拓宽服务领域和渠道。2018年6月,第十届APEC中小企业技术交流暨展览会在沈阳开幕。本届技展会以"创新推动发展,合作创造未来"为主题,围绕新一代信息技术、智能制造、绿色工业、节能环保等领域,共设境内展位1500个,境外展位500个,涵盖全部21个APEC经济体。2018年7月,第九届中德经济技术合作论坛于德国柏林召开,国务院总理李克强和德国总理默克尔出席论坛闭幕式并发表演讲。本届论坛模式新、层次高，包括多家世界五百强企业、大型央企负责人和众多创新型企业创始人在内的400多位中德企业家代表参加会议。论坛举办了电子通信、创新创业、生物经济、节能和提高能效、能源等5个领域的企业对接会，开展了主题演讲、项目推介、政策宣讲、商务洽谈等多种形式的对接交流活动。2018年10月，第十五届中国国际中小企业博览会在广州举办，来自联合国工业发展组织、阿联酋、南非、希腊、保加利亚、俄罗斯、荷兰、韩国、日本、马来西亚以及港澳台在内的39个国家（组织）和地区共668家境外企业和2351家境内企业参展，为国内外中小企业提供了一个良好的展示、交易、交流与合作的平台，促进中小企业融入全球创新创业价值链。2018年11月8日，第五届世界互联网大会"数字丝绸之路"国际合作论坛在乌镇召开。本次论坛邀请国内外政产学界杰出代表，重点讨论数字丝路建设中"政府的作用"和"企业的角色"，通过碰撞思想、凝聚合作共识，促进"数字丝绸之路"国际合作取得务实成果。

创新创业项目与国际联系更加紧密。2018年1月与英国国际贸易部签署关于加强智慧城市合作的谅解备忘录；2018年8月与韩国国土交通部签署关于加强智慧城市合作的谅解备忘录；2018年9月召开与空客公司第九届航空航天产业合作发展峰会；2018年9月与国家开发银行签署《支持数字经济发展开发性金融合作协议》；2018年11月与哈萨克斯坦信息和通讯部签署了关于加强数字经济合作的谅解备忘录；2018年12月中国南宁、厦门、杭州、济南、昆明与东盟城市建立伙伴城市关系，支持东盟智慧城市网络建设。深入开展"一带一路"科技创新合作行动计划，支持约700名相关国家青年科学家来华开展短期科研，筹备建设首批"一带一路"联合实验室，推动与东盟、南亚、阿拉伯国家、中亚、中东欧5个区域共建技术转移平台，推动与菲律宾、印尼等8个国家共建科技园区。

第二章 创新创业服务

2018年，各地区各部门以习近平新时代中国特色社会主义思想为指导，按照高质量发展要求，深入实施创新驱动发展战略，主动顺应"双创"升级版的要求，以提高创业服务质量为主攻方向，持续推进"双创"支撑平台、创业辅导和培训发展，为创业者提供了高质量的服务。

第一节 众创空间

2018年，全国众创空间和专业化众创空间作用不断增强，有效促进了人才、技术、资本等各类创新要素的高效配置和有效集成，进一步推动科技型创新创业的发展。

一、众创空间发展水平持续提升

2018年，全国众创空间的发展呈现出"以科技为引领、向高质量发展"的态势，并在培育科技型企业、活跃社会创新氛围、促进经济转型升级等方面发挥重要作用。

（一）数量继续保持稳健增长

2018年，众创空间总量快速扩大。全国众创空间共有6959家，同比增长21.3%，提供创业工位122.44万个，同比增长16.1%。众创空间高层次创业群体呈现增长态势。2018年众创空间内大学生创业、留学归国人员创业、科技人员创业、大企业高管离职创业、外籍人士创业等团队和企业数量共计18.7万个,同比增长16.5%。其中大学生创业团队和企业的数量突破10万个,同比增长12.7%。2018年,全国众创空间共有14.1万名创业导师,同比增长16.2%;开展的国际交流活动9206场,同比增长8.2%。

（二）融资服务能力明显增强

金融资本积极参与众创空间的发展中,通过直接建立众创空间等手段,强化了"投资+孵化"的发展模式。2018年,众创空间帮助1.75万个服务团队和企业争取投资总额764.7亿元人民币,其中:获得民间社会资本投资670.5亿元,占投资总额的87.7%。民间社会资本投资占比2017年上升3.4个百分点。

（三）创新能力显著提升

众创空间积极吸引科技型企业进入,并推动企业开展技术创新。这使得在孵企业知识产权数量快速增加,创新能力不断提升。2018年,全国众创空间常驻企业和团队拥有有效知识产权数量达到21.6万件,同比增长41.8%;拥有发明专利数量3.95万件,同比增长18.3%。

专栏2-1　星创天地建设情况

星创天地建设工作自2016年全面开展以来,经过三年时间建设,至2018年年底全国已备案国家级星创天地1824家。2018年,国家级星创天地共集聚创业导师1.25万人,培育科技型企业782家、新型农业经营主体3700余家,投入研发资金21.4亿元,在孵创业团队和企业获得各种科技奖励1500余项,累计举办投融资洽谈活动2400余场,获得投融资的创业团队和企业2600多个,创业团队和企业获得的社会投资金额97.6亿元。1824家国家级星创天地中有326家运营主体建设在贫困地区,占比17.9%,对国家级贫困地区覆盖率达到22.7%。同时,各地全面落实奖补资金和扶持政策,目前省级科技管理部门出台《实施意见》(或《加快推进意见》)的有27个,实施系统性绩效评价办法的有20个,对省级星创天地资金支持达到50万元/年的省份有7个,达到20万元/年的省份有14个。

二、专业化众创空间成效持续增强

2018 年，龙头骨干企业围绕主营业务方向、科研院所和高校围绕优势专业领域加快建设专业化众创空间，促进人才、技术、资本等各类创新要素的高效配置和有效集成，进一步推动科技型创新创业，服务实体经济发展。

（一）示范效果不断显现

2018 年，龙头骨干企业、科研院所、高校等各类创新主体更加注重聚焦细分领域的专业化众创空间建设和服务能力提升，"专业化"概念深入人心，200 余家建设主体申请国家专业化众创空间备案，现已备案示范 50 家。从区域布局上看，专业化众创空间发展情况与区域经济发展水平、"双创"发展活力呈现正相关，主要分布在京津冀、长三角、珠三角地区，其中北京、广东、江苏、山东、湖北各有 5 家国家备案。从建设主体上看，50 家中有 31 家依托行业龙头企业建立，12家依托高校及科研院所建立，7 家依托新型研发机构建立，企业成为建设专业化众创空间的中坚力量。从聚焦产业领域上看，人工智能、大数据、医疗器械、智能硬件、光电子、高分子新材料等战略性新兴产业的细分领域是专业化众创空间聚焦的重点领域。科技人员、科技成果转化、高科技产业和企业、国际化成为专业化众创空间的关键词。

（二）有效激发科研人员创新创业的活力

科研院所和高校以专业化众创空间为平台开展科研立项、科研评价体系等方面改革，鼓励科研人员、企业技术人员携带研究成果、技术经验创新创业，提升了成果转化效率，孵化了一批高质量创业项目，培育出一批优秀的创业者。西安光机所将科技创新成果的影响与价值纳入人才评价标准中，充分肯定科研人员在科技成果转化方面创造的价值，培育了大量科技成果转化项目。

（三）进一步促进科技资源开放共享

专业化众创空间发挥科技资源集聚、生产验证设施齐备等优势，通过搭建线上资源共享服务平台、组织对接活动等多种方式，在帮助创业团队的同时也提高了资源的使用效率，服务产业集群发展壮大。北京大学开放了数字视频编码与系统技术国家工程实验室、机器感知与智能教育部重点实验室等平台，集聚人工智能领域近 20 个科研项目的科技成果，孵化企业 128 个，总融资额 124 亿元。

（四）培育出一批前沿技术及产品

龙头企业、高校院所通过专业化众创空间构建资源协同开放平台，通过创业孵化营造出有利于产生新技术、新产品、新业态的环境，在关键核心技术、国际首创技术等方面形成突破，输出具有国际竞争力的技术前沿产品和解决方案。西北工业大学智能制造国家专业化众创空间内项目团队成功研制了 1.5-36U 全系列立方星平台及多种标准化部组件，目前已成功发射 3 颗卫星，其中世界首颗 12U 立方星"翱翔之星"设计标准已被国外多星采用；华工科技激光技术专业化众创空间诞生了国内首台工业应用性能稳定的紫外固体激光器，这些产品达到世界顶尖技术水平，填补了国内空白，彰显了专业化众创空间的孵化模式及机制对科技型创新创业的引领作用。

（五）实现了创新创业国际化发展

专业化众创空间依托自身海外布局及国际资源建立国际技术转移中心和海外孵化分支机构，开展高端人才交流、技术转移、跨境孵化及全球联合研发，加速融入全球产业链、创新链。山东博科生物产业有限公司积极推进"国外创业孵化+国内加速转化"，在美国硅谷成立 BIOBASE 硅谷孵化中心，2 年内成功孵化 11 家海外创业公司。

第二节　科技企业孵化器

2018 年,科技企业孵化器总体呈现出"规模持续稳步增长,服务注重结果导向,孵化产出质量更高,科技含量不断突显"的发展态势,为实体经济转型升级,推动经济高质量发展提供了重要支撑。

一、孵化规模继续保持扩大态势

截至 2018 年年底,全国孵化器总数已达 4849 家。在孵科技型中小企业 20.6 万家,同比增长 17.7%。平均每家在孵企业收入为404.94 万元,同比增长 12.3%。在中小企业融资难的大背景下,获得投融资企业数量占比与 2017 年基本持平,但平均每家在孵企业当年获得风险投资额达 30.58 万元,同比增长 11.7%。

二、孵化器成为企业培育新动能的重要载体

超过 50% 的地区反映企业通常选择科技企业孵化器作为切入点推动传统产业转型升级、迅速抢占新兴市场。例如在传统产业转型升级方面,武汉爱帝集团通过一个品牌、两大园区、八大平台的体系建设,打造具有开放式、全生态、产业化的创业孵化体系,探索出由传统服装产业向时尚产业转型的新路径。宁波博洋集团以"设计团队参股+博洋控股"方式打造专业孵化器,使博洋品牌裂变孵化出DESSO、果壳、罗圣创意设计等 30 余个创业品牌。又如在占领新兴市场方面,安徽华米科技打造华米硬客公园,专注于培养和投资智能硬件领域创业项目,目前集聚了 40 多家创业企业和团队,通过"抱团"发展迅速抢占新兴市场。南京甄视智能科技有限公司联合山西大数据产业研究院、上海交通大学等单位,投建人工智能产业孵化器,孵化培育 AI 关联产业,在孵企业在细分领域对其形成有

力延伸和补充。

三、孵化服务向精准化和专业化方向发展

孵化服务不再停留在组织活动、开展培训的层面，而是从企业本身的需求出发，整合孵化器的各类资源，为其提供更有效的服务。孵化服务由"重活动"向"重效果"方向转变。2018年，孵化器开展创新创业活动的场次同比下降15.9%，但创业导师对接企业的数量同比上涨34.5%。例如，上海漕河泾技术创业中心通过盘活开发区内83家国际500强企业，聚焦AI技术、智能物件、大数据与智能分析、信息安全等领域，以"精准融资"和"场景落地"为双核心，构建"媒体+法律+财税+人力"服务体系，累计培育科技企业400余家，成活率超过90%。又如，哈尔滨创业投资集团整合旗下7家孵化器和4家基金公司，打造"孵化+投资+增值"一站式服务，累计完成项目投资26项，投资总额7010万元，带动机构跟投2亿元。

四、创业孵化与研发机构深度融合发展

新型研发机构体制更加灵活，同时贯通基础研究、应用开发、产业化、企业孵化等各环节，具有极强的产业带动力。因此，新型研发机构得到地方政府的普遍重视。例如，广东省出台《广东省科学技术厅关于新型研发机构管理的暂行办法》，鼓励和促进新型研发机构发展。2018年广东省219家新型研发机构拥有有效发明专利1.1万件，成果转化及技术服务收入达到620亿元。又如，陕西在全省范围内推广以中科院西安光机所和西北有色院为代表的"一院一所"模式，发挥科教资源和龙头企业优势，支持中电科20所、39所、中联西北院等多家院所和兵器集团、陕煤集团、西电集团等企业打造专业孵化器。

五、在孵企业科技含量大幅提升

在孵企业获得知识产权量快速增长、技术转化应用效果凸显。据统计,2018 年全国孵化器在孵企业共计拥有有效知识产权超过 44 万件;当年知识产权申请数为 26.81 万件,同比增长 40.4%;知识产权授权数为 13.78 万件,同比增长 45.4%;平均每家在孵企业的当年知识产权申请数达 1.3 件,同比增长 19.3%。具有高科技含量的企业如青岛工研院孵化的融智生物科技公司,研发出国内首个大分子检测分析质谱仪并成功推向市场,目前已获第三轮 2 亿元融资,企业估值超 10 亿元。又如厦门海沧生物科技公司孵化的艾德生物,专注于肿瘤精准医疗诊断,其研发的肿瘤伴随诊断试剂成功在全球 50 多个国家和地区得到广泛应用。

第三节　大企业创新创业平台

2018 年,大企业"双创"平台带动作用持续增强,在提高"双创"成功率和推进创新链融通发展方面显示出较强的促进作用。

一、大企业创新创业平台带动作用显著

大企业创新创业平台通常是由行业领军大企业依托自身资源整合能力、技术创新能力,所创设的创新创业服务平台。大企业创新创业平台挖掘自身资源创新潜力,积聚各类高端创新创业人才,为大企业内部创业者和外部创业者提供管理、金融、技术、数据等服务,是创新成果转化和创业项目退出的主要渠道。目前大企业创新创业平台主要包括央企"双创"平台、国家专业化众创空间、双创示范基地等。

以央企"双创"平台为代表的大企业创新平台在促进创新资源高效整合、组织管理创新、生产方式变革、营造创新创业生态等方面具有较强的示范作用。在促进创新资源高效整合方面,大企业"双创"平台以企业资源和产业资源为核心,推动开放式创新和联合创业,不断突破地域、组织、技术的界限,推动设计、制造、管理和服务等领域创新创业资源的高效对接和优化配置,在更大范围内整合集聚、开放、共享各类创新要素和资源。在组织管理创新方面,大企业"双创"平台通过完善创新激励制度、推动管理体制微创新等组织结构与管理机制,充分挖掘释放企业内部部门、环节、员工的创新创业潜力,优化管理流程,缩短创新周期,推动大企业向网络化、平台化、扁平化创新型组织转型发展。在生产方式变革方面,大企业"双创"平台促进了大企业内部以及企业间研发设计、生产制造、营销管理各系统的无缝衔接和综合集成,将生产服务协作扩大到了全产业链,催生了网络化协同创新等新型创新模式。在营造创新创业生态方面,大企业"双创"平台提供丰富的创业孵化、专业咨询、人才培训、检验检测、投融资、知识产权等服务,加强与中小企业的专业分工、服务外包、订单生产等多种形式协作,形成资源富集、创新活跃、高效协同的产业创新生态圈。

央企充分发挥创新创业主力军、领头羊作用,已搭建各类"双创"平台 1251 个,同比增加 281 个,包括互联网平台、孵化器和产业园区等类型,覆盖了航天航空、船舶、电子、电网、通信、钢铁、煤炭等领域。

二、各类型大企业创新创业平台辐射带动作用凸显

大企业"双创"平台主要包括互联网平台、专业孵化器、科技产业园区等类型。各类大企业"双创"平台加强内外部各类资源聚集和开放力度,不断提高企业"双创"成功率,推进创新链融通发展。

（一）高质量互联网"双创"平台有效提升内外部"双创"成功率

央企作为行业排头兵，立足企业和产业链上下游的创新创业需求，打造了一批互联网"双创"平台，通过聚合大量科技设施、人才技术、数据信息、金融资本、市场资源，为各类创新主体提供专业化线上和线下服务。互联网平台"集众智、搞众创"的效果不断显现。截至2018年底，央企共搭建互联网"双创"平台147个。

专栏2-2　大企业互联网"双创"平台的典型案例
——中国移动数字家庭开放平台、万向工业云服务平台

中国移动数字家庭开放平台　面向企业和开发者，提供家庭连接、轻应用开发、通信互联、渠道投放、大数据分析、数字内容、人工智能为核心的"5+2"开发能力，融合设备厂商、服务商、开发者能力，提供高效可用的综合解决方案服务。平台上线以来，汇聚科技服务机构165家，各项能力累计调用超过7000万次，孵化应用超过3300个。内部创业方面，内创新项目出孵成功率80%以上，60%以上出孵项目纳入中国移动核心自主能力清单产品库，孵化产品落地覆盖全网，累计创造经济价值破亿元，手机白条、爱手机、和医联、神奇课堂等项目成功设立公司并累计获得融资880万元。

万向工业云服务平台　以"万向创新聚能城国家双创示范基地"为线下空间，打造"线上与线下融通，服务与研发结合，内部与外部辉映"的新业态。为创业者和创业团队提供包括全程孵化、转化、产业化服务、新兴技术（区块链、大数据、物联网）整合与咨询服务，提供商业化资源整合、创业辅导、项目申报、合作伙伴、解决方案、管理等创业服务和工商财法、人事行政、市场销售、技术服务、运营管理、融资金融、宣传推广等第三方服务。该平台2018年初已经上线，目前正加快推动万向集团的内部资源共享、内生需求公开、运营数字化服务透明化。

（二）高水平专业孵化器助推关键核心技术开发与转化

央企利用自身科研、技术、产业等资源，打造一批创客工作室、众创空间、企业孵化器等创业孵化平台，实现"创意—技术""技术—产品""产品—产业"的多级孵化，并为入驻企业和创业团队提供专业化服务，有效促进创新创业联动，加快科技成果向现实生产力转化。截至2018年底，央企共搭建孵化器168个，入驻企业和团队6490个，创客人数2万人。

（三）科技产业园区促进培育产业发展新增长点

央企将"双创"与本企业及所处行业领域的发展需要相结合，建

立各类科技产业公司、产业化基地,并通过对园区高新技术初创企业进行细化分类,提供创意孵化、创业辅导、产业培育、管理服务等全生命周期综合服务,满足各类创客团体创业需求,实现产业快速发展。目前央企建成科技产业园区 107 个,园区入驻企业 5953 万家,促进就业 23 万人,其中 179 家已成功上市。

专栏 2-3　大企业科技产业园区"双创"平台的典型案例
——中国五矿有色科技产业园、中国宝武互联宝地园区

　　中国五矿有色科技产业园　以有色金属产业链为主线,实现大型央企与创新型中小微企业以及中南大学、湖南稀土金属研究院等高校科研院所,行业资源与创新服务资源的融通发展。建成了五矿有色创业服务中心、公共技术平台的试验检测中心、中小企业公共服务平台、创业团队和企业办公场地、创业咖啡吧、会议路演中心等硬件平台。2018 年,科技产业园共开展各类创新创业活动 30 余场次,先后开展了各类创新创业大赛路演培训会 6 场,开展"银企对接会""企业税务风险与应对培训会""专业服务机构合作对接会""入驻企业知识产权培训会""有色金属新材料融资路演活动""五矿—中南大学产学研对接会"等各类创新创业服务活动 20 多场,产业园科技创新创业的服务水平得到较大提升。目前科技园已经引进了 32 家高成长性有色金属和环保修复行业的企业和团队。
　　中国宝武互联宝地园区　依托存量厂房、办公楼宇等资源和产业背景,打造具有产业办公、产业培育、科创孵化、园区配套等复合功能的上海创新经济高地,推进老钢铁企业转型发展,把制造工业基地转型为人工智能等高端产业集聚地。该园区首期已于 2018 年 6 月建成,并于 10 月承办 2018 年全国"双创"周上海分会场活动。该园区目前已完成近 80% 的招租,生态圈雏形日趋完善。

第四节　中小企业创新创业平台

2018 年,国家中小企业公共服务示范平台和国家小型微型企业创业创新示范基地等中小企业"双创"平台继续保持增长,服务中小企业高质量发展。

一、中小企业公共服务平台数量保持增长

2018 年国家中小企业公共服务示范平台新增 174 家。截至 2018 年底,国家中小企业公共服务示范平台达到 647 家,涵盖各地

中小企业服务中心、企业、科研机构、行业协会、高校等多种主体类型，其中企业和中小企业服务中心是建设运营的主要力量，占比分别达 54% 和 33%。从服务功能看，信息服务类 320 家（占 49%）、技术服务类 347 家（占 53%）、培训服务类 265 家（占 41%）、创业服务类 160 家（占 24%）、融资服务类 73 家（占 11%）。省级示范平台达到 3900 多家，配备专业服务人员达 16 万人。平台围绕满足中小企业创业创新服务需求，开展专业化"双创"服务，提供精准到位的创业创新支持，改善中小企业"双创"环境。

二、小型微型企业创业创新基地实现综合化发展

2018 年，国家小型微型企业创业创新示范基地新增 119 家，截至 2018 年底，国家小型微型企业创业创新示范基地达到 321 家，能够提供多元化综合服务，提供创新支持的 285 家（占 88%），提供市场营销服务的 286 家（占 89%），提供投融资服务的 311 家（占 96%），提供管理咨询服务的 293 家（占 91%）。省级示范基地达到 2600 多家，入驻小微企业 23 万多户，提供就业岗位 500 多万个。基地围绕提供小微企业多元化"双创"服务，提升专业化"双创"服务能力，为小微企业创业创新保驾护航。

三、大中小企业融通型特色载体建设启动发展

2018 年，工业和信息化部、科技部配合财政部共同研究印发《关于支持打造特色载体推动中小企业创新创业升级的实施方案》，通过中小企业发展专项基金，采取奖补结合的方式，用三年时间安排 100 亿元支持 200 个国家级、省级开发区打造大中小企业融通型等创新创业特色载体。在大中小企业融通型、专业资本集聚型特色载体领域，2018 年支持的首批 100 个开发区中，省级以上小微企业双创示范基地和中小企业公共服务示范平台分别有 669 个和 1333 个，

其中,国家示范基地和平台分别有 89 个和 104 个。共有 45 个开发区列入大中小企业融通型、专业资本集聚型支持名单。大中小企业融通等不同类型的创新创业特色载体提高了创新创业资源融通效率与质量,推动了地方构建各具特色的区域创新创业生态环境,促进大众创业、万众创新上水平。

专栏 2-4　小型微型企业"双创"服务平台的典型案例
——腾讯文创基地

　　腾讯文创基地　是在腾讯原有众创空间办公空间的基础上升级了录音棚、摄影棚等形成。腾讯文创基地打造辐射全国的内容生态,帮助内容创业者聚焦优质内容生产。腾讯文创基地为内容创业者提供流量分成、产业资源、版权保护、谣言监测、投资、孵化、基础办公服务、内容创业服务等服务。其中的特色服务为内容安全服务,即为一些中小企业尤其是初期的创业者提供内容安全保护服务。具体包括打击谣言、通过 AI 算法进行内容安全防范等服务,以维护创作的网络空间和网络内容。目前腾讯文创基地已经入驻 500 个团队。

第五节　创业辅导和培训

　　2018 年创业服务人员培训数量增长迅速,培训组织体系和课程内容日益完善。同时,创业教育和培训内容不断深化、师资力量有效扩充,有力地助推"双创"升级版。

一、创业服务人员培训发展达到新高度

　　中国科技企业孵化器从业人员专业培训是全国孵化器行业人员素质和能力提升的重要环节,是全国孵化器行业聚焦服务提升、打造"双创"升级版的务实行动,更是新时期深入贯彻落实党中央、国务院有关促进国民经济高质量发展、实施创新驱动发展战略等指示精神的重要举措。

（一）全国参训学员数量增长迅速

2018 年全国孵化器（众创空间）从业人员积极参与各地组织的专业技能培训，参训学员总数到达 7181 人（男学员 3621 人，女学员 3560 人），比 2017 年增长 35%，是 2014 年"双创"启动以来年度增长幅度最大的一年。

（二）专业孵化器参训学员占比提高

根据孵化器类型来看（有效样本 6147 人），2018 年来自综合孵化器的参训学员 4221 人，来自专业孵化器的参训学员 1841 人，两者相差 2.3 倍。对照 2017 年相应的数据（综合孵化器 3038 人、专业孵化器 1007 人，两者相差 3 倍），2018 年来自综合孵化器的参训学员人数相对减少，某种程度上反映出孵化器行业打造"双创"升级版、走专业化发展道路的现状和趋势。

（三）民营孵化器参训学员人数增长迅速

近年来，依靠社会资本建立的民营孵化器（众创空间）得到迅猛发展，大量新进入孵化器行业的从业人员补充进科技孵化服务队伍。因此，民营参训学员对政策要点、实操技能、基本服务手段等培训需求较大。2018 年学员来自民营孵化器的参训学员人数规模及增长速度都较显著，达到 3690 人，比 2017 年民营孵化器参训学员增长了 43.7%，更比来自事业单位、国企孵化器、其他来源的参训学员总和还多。

（四）培训组织体系日趋完善

中国孵化器从业人员培训的组织工作已逐渐规范化、体系化。首先，全国自愿且有能力开展从业人员专业培训的地方协会或孵化器、众创空间等机构已经有 35 家，除西藏、海南、港澳等少数省区还没有培训主办机构外，培训队伍基本覆盖全国各省区、直辖市。这些培训机构除了担负本省区的孵化器从业人员培训工作外，也面向全国其他省区孵化器从业者提供培训服务，从而有利于促进孵化器行业的经验交流和信息共享。其次，培训工作的日常流程形成地方培训机构、中国技术创业协会、孵化器研究中心各司其职,共同协作的局面,学员反馈培训班具有较明显的培训效率和效果,学员能够有效提高孵化服务的知识和技能水平。

（五）课程设置逐渐以实操性课程为重心

孵化器、众创空间的从业人员,对能够促进工作效率和服务能力提升的课程需求较高。这样的课程,有利于孵化器、众创空间获得可持续发展能力,更直接提高孵化器从业人员服务初创企业和创业者的水平。针对这种情况,2018 年广大培训机构在课程设置、师资配备上尽量满足学员的实战需求,增加了孵化器（众创空间）盈利模式、创业投资、科技金融、模式转型升级、招商引资、园区信息化等方面的课程,同时优先聘请实战经验丰富的讲师授课,特别是选择那些具有多年孵化器从业经验或者孵化服务模式具有代表性的孵化机构负责人担任讲师。为了促进学员之间、讲师与学员之间的互动和交流,广东、青岛、河南、重庆等地的培训中嵌入小组讨论、沙龙、参观等环节,使学员能更好地将自己工作问题与讲师授课进行结合,学员对这类课程设计反馈情况良好。

二、创业教育与培训不断拓展

各级政府大力推动创业教育和培训发展,通过试点示范、完善政策体系等方式加强创业教育和培训,拓展创业者能力。

（一）高校创新创业教育改革不断深化

一方面,示范引领作用不断增强。2018 年 3 月,教育部印发《关于做好 2018 年深化创新创业教育改革示范高校建设工作的通知》,明确要求各示范校强化关键领域、优化资源配置、凸显示范引领,带动全国高校创新创业教育工作取得新成效、开拓新格局、开创新未来。2018 年度,200 所示范校已开设了 2807 门线上线下创新创业教育专门课程,选课人数近 630 万人次;开展了 394 场教师创新创业教学能力培训,参训教师超过 3.1 万人次,举办国家大学科技园高质量发展高级研修班,参训负责人 120 余名;组织编写出版《中国大学科技园双创案例汇编(第一辑)》。

另一方面,普通本科高校深化创新创业教育改革成绩斐然。截至 2018 年 9 月,全国普通本科高校已经普遍开设了创新创业教育课程,专门课程数已达 2.8 万余门,已上线的创新创业教育在线开放课程 4185 门,编写出版创新创业教材 2876 本;建设校内创新创业教育实践平台近 1.3 万个,与行业企业共建校外创业实习基地 4.1 万个;创新创业教育专职教师近 2.8 万人,创新创业兼职导师 9.3 万余人。

专栏 2-5 大学科技园发展情况
大学科技园经过 20 多年建设发展,规模日渐扩大、模式不断创新,取得了显著成绩,已经成为我国科技体制改革创新的试验基地、科技人员创新创业的核心载体、校企资源融合共享的枢纽平台,是支撑创新驱动发展的重要力量。截至 2018 年,共有国家大学科技园 115 家。一是聚焦科技成果转移转化;二是积极培育创业主体;三是促进校企资源融合共享,培育创新创业人才;四是服务区域经济发展。

(二)创业培训广泛开展

2018 年 5 月,国务院印发了《关于推行终身职业技能培训制度的意见》(国发〔2018〕11 号)。各地面向有创业意愿和创业培训需求的劳动者大规模开展创业培训,大幅度提高质量,使有创业意愿和创业培训需求的劳动者都有机会获得创业培训服务。2018 年,全国共组织开展政府补贴性创业培训 201 万人次。实施农民工等人员返乡创业培训五年行动计划,2018 年共组织开展政府补贴性返乡农民工创业培训 67 万人次;开展高校毕业生创业培训 71 万人次。

(三)培训师资力量有效扩充

2018 年指导各地开展创业讲师培训 252 期,培训讲师 7500 余人,统一派遣培训师 500 余人次。加强网络创业培训项目推广,组织网创培训师选拔和培训活动,培训网创培训师 28 人。全年指导各地开展网创讲师培训 56 期,培训讲师 1600 余人,培训学员 5000 余人,完成网创教学辅助平台和翻转课堂视频等技术资源开发。完成《创业培训标准(试行)》开发工作。组织农村劳动力版创业培训教材改编工作;依托地方试点成果,探索返乡下乡创业带头人农村电商创业培训课程。

(四)创业培训扶贫积极开展

积极开展少数民族地区创业师资培训班。2018 年为提高西藏、新疆、四省藏区、东北及内蒙古天镇县等地区创业培训师资水平,推动西藏、新疆、四省藏区、东北及内蒙古天镇县等地区创业工作,共组织了四期创业师资培训班,共培养创业师资 245 名,有效提升了西藏、新疆、四省藏区和东北及内蒙古天镇县等地区的创业师资水平。

第三章　创业融资

　　2018 年,我国经济金融运行出现一些趋势性变化,创业融资面临一定调整压力,但市场基本面依然向好,融资规模实现合理增长,融资渠道进一步创新,融资模式更加规范,金融服务实体经济能力得到不断提升,促进科技创新成果更好地惠及社会发展。其中,政府引导基金加快市场化运作步伐,融资担保风险分担机制正逐步形成,早期投资、创业投资逐渐放缓投资节奏并趋于理性,资本市场加快改革步伐,非股权融资领域继续支持"双创"重点领域。

第一节　政府引导基金和政府性融资担保体系

　　2018 年,各地政府引导基金①进入规范运营阶段,前期设立的政府引导基金已纷纷进入投资期,并加快投资步伐,充分发挥财政资金的杠杆效应,积极助力当地产业结构转型升级。以国家融资担保基金为代表的政府性融资担保机构,正逐步形成"国家融资担保基金—省级再担保机构—融资担保机构"三级架构与商业银行共同参与的融资担保风险分担机制,持续推进政府性融资担保体系建设,带

---

　　①　政府引导基金主要包括股权投资、基础设施投资等类型,这里指直接与"双创"相关的是股权投资类政府引导基金。为此,下文所出现的政府引导基金也是指这一范畴。

动更多金融资源更好服务小微企业和创新创业。

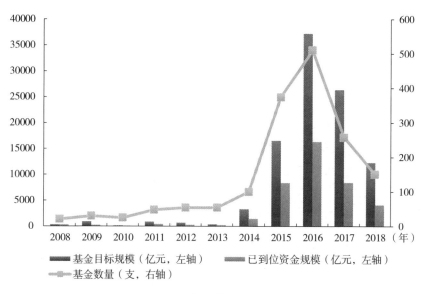

图 3-1　2008—2018 年我国政府引导基金设立和募资情况

一、政府引导基金设立持续放缓,加强运营管理成工作重点

政府引导基金进一步放缓设立步伐。2017 年以来,政府引导基金设立步伐逐步放缓。从增量看,2018 年新设 151 支政府引导基金,同比下降 41.5%;总目标规模为 1.23 万亿元,同比下降 53.4%;已到位资金规模为 4126 亿元,同比下降 50.9%。从存量看,截至 2018 年底,全国共设立 1636 支政府引导基金,总目标规模达到 9.93 万亿元,已到位资金规模 4.05 万亿元。其中,国家级政府引导基金 28 支,主要围绕促进经济结构转型升级、提升新兴产业整体发展水平、支持创新型中小企业发展、推动科技成果转化等战略目标。

政府引导基金的运营管理向市场化运作加快转变。随着多数已设立的政府引导基金逐步进入投资期,加强运营管理(包括绩效评价等)成为引导基金管理机构下一步的工作重点。为提高政府引导基金的运作效率以及财政资金的使用效率,对政府引导基金进行绩效考核日益受到有关部门的重视。2018 年 8 月,国家发展改革委办公厅印发《关于做好政府出资产业投资基金绩效评价有关工作的通知》(发改办财金〔2018〕1043 号),要求进一步规范政府出资产业投资基金登记管理,拟开展政府出资产业投资基金绩效评价工作,并针对政府引导基金的投资期和退出期分别制定相应的绩效考核指标。

专栏 3-1   国家级创新创业引导基金有序运营

国家发展改革委、财政部设立的国家新兴产业创业投资引导基金运作顺利。截至 2018 年底,共有 353 只市场化的创业投资基金通过引导基金投资决策委员会审议,拟募资规模接近 1800 亿元,已累计支持 4300 多家新兴产业领域的创新型企业。

财政部、工业和信息化部推动国家中小企业发展基金开展运营。截至 2018 年底,基金已完成投资项目 215 个,投资金额 60 多亿元,所投项目涵盖高端装备制造、新能源、新材料、生物医药、信息技术等重点领域。

财政部、科技部设立的国家科技成果转化引导基金进展顺利,引导作用和带动效应日益凸显。截至 2018 年底,引导基金已批准设立创业投资子基金 21 支,总规模 300 多亿元,其中引导地方政府和社会资本出资 200 多亿元。

二、融资担保行业进入健康发展轨道,国家融资担保基金设立运行成效初显

为更好推动融资担保行业健康发展,银保监会先后制定《关于抓紧开展施行〈融资担保公司监督管理条例〉有关工作的通知》(融资担保办通〔2017〕11 号)、《关于印发〈融资担保公司监督管理条例〉四项配套制度的通知》(银保监发〔2018〕1 号),打下了坚实的制度基础。截至 2018 年底,全国融资担保法人机构数量 6159 家,实收资本 11269 亿元,融资担保在保余额 22382 亿元,其中小微企业担保余额 10059 亿元。

2018 年 4 月,国务院批准设立国家融资担保基金;7 月,国家融资担保基金完成工商注册,注册资本 661 亿元,首期出资 166 亿元;9 月,国家融资担保基金正式运营。截至 2018 年底,国家融资担保基金再担保业务合作取得积极进展,引导放大作用初步显现,再担保合

作业务规模已达326亿元,担保户数25245户,其中单户500万元及以下的担保金额197亿元,占比约为60%。

为充分发挥带动各方资金扶持小微企业、"三农"和创新创业的重要作用,国家融资担保基金遵循"聚焦支小支农、银担合作分险、引导降费让利"的原则,对基金再担保和股权合作业务模式作了细化完善,进一步凸显准公共定位。一是明确再担保与股权投资依次推进的工作思路。国家融资担保基金运行初期将先与符合条件的机构开展再担保业务合作,视再担保业务合作情况,择优选择合格机构开展股权合作试点。二是分级分批推进再担保业务。国家融资担保基金按照"主业突出、管理规范、风险控制能力强"的要求,在前期储备的意向合作机构中择优选择符合条件的机构,分批开展再担保业务合作。2018年9月以来,分两批与北京、江苏、浙江、安徽等17个省级担保再担保机构签署了再担保合作协议,累计授信合作业务规模达3045亿元。三是稳步推进"总对总"银担合作。国家融资担保基金先后与农业银行、中国银行、建设银行、交通银行、邮储银行等10家全国性商业银行签署"总对总"银担合作战略协议,明确银担分险比例,落实贷款优惠条件,带动各地机构加快银担对接。

第二节　早期投资

2018年,面临金融监管趋严和市场资金短缺的环境,政府出台政策及时补位,早期投资①领域的活跃度仍保持在较高水平。

---

①　早期投资,是指投资机构或天使投资个人专注于种子期和起步期企业的股权投资。

一、早期投资基金募资小幅下降,外币基金看好国内早期投资

受中国人民银行等四部委联合出台《关于规范金融机构资产管理业务的指导意见》(银发〔2018〕106号)(以下简称"资管新规")等一系列金融监管制度的影响,早期投资市场的基金募集数量与募集规模呈双双下降的趋势。2018年,全国早期投资机构新募集111支基金,同比下降24.0%;披露募集金额为181.9亿元,同比下降8.8%(见图3-2)。在金融市场进一步扩大对外开放的背景下,外资仍看好国内市场。2018年早期投资领域的外币基金募集较为活跃,新募集8支外币基金,披露募集金额为37.49亿元,较上年大幅增长了30.58亿元。

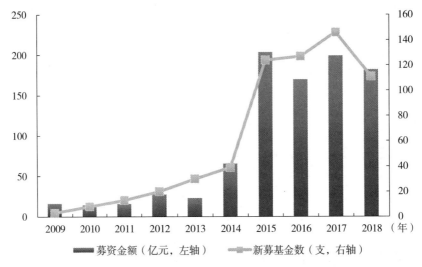

图3-2 2009—2018年我国早期投资机构基金募集情况比较

二、早期投资行业结构持续优化,人工智能助信息技术行业弯道超车

早期投资的数量和金额下降,平均投资金额上升。2018年,早

期投资的案例数和总金额均出现同比下降（见图3-3）。当年全国共发生1795起早期投资案例，同比下降10.8%，披露投资金额约为142.45亿元，同比下降3.4%；平均单笔投资金额为941.53万元，同比上涨12.9%。受募资下降影响，早期投资机构变得更加谨慎，资金主要投向头部优质项目，提高了平均投资金额。

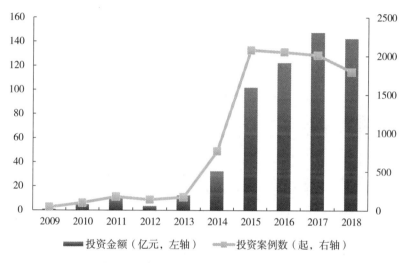

图3-3　2009—2018年我国早期投资市场投资总量情况比较

早期投资关注人工智能等"硬科技"创新领域。2018年，信息技术、互联网等行业仍然是早期投资机构重点关注的行业（见表3-1）。其中，信息技术行业发生463起投资案例，披露投资金额为33.38亿元；互联网行业发生439起投资案例，披露投资金额为35.34亿元。人工智能等"硬科技"创新领域的繁荣助力信息技术行业增长。近年来，信息技术行业的投资案例数首次超过互联网。除信息技术外，早期市场对于大数据、云计算、芯片、高端装备制造等创新领域加强了布局。2018年，电子及光电设备与半导体的投资金额增长95.9%，机械制造的投资金额增长102.9%。

表 3-1　2018 年我国早期投资行业分布情况

行业 （一级）	案例数 （起）	比例	披露金额的 案例数（起）	投资金额 （亿元）	比例
信息技术	463	25.8%	383	33.38	23.4%
互联网	439	24.5%	381	35.34	24.8%
娱乐传媒	146	8.1%	119	8.84	6.2%
生物技术/医疗健康	142	7.9%	122	13.02	9.1%
电信及增值业务	121	6.7%	99	11.21	7.9%
金融	109	6.1%	85	8.66	6.1%
教育与培训	69	3.8%	60	4.41	3.1%
连锁及零售	51	2.8%	39	2.90	2.0%
电子及光电设备	50	2.8%	45	4.52	3.2%
机械制造	40	2.2%	38	3.51	2.5%
半导体	20	1.1%	19	1.70	1.2%
汽车	20	1.1%	16	4.00	2.8%
食品/饮料	19	1.1%	17	0.81	0.6%
物流	18	1.0%	16	1.52	1.1%
清洁技术	17	0.9%	15	1.00	0.7%
纺织及服装	15	0.8%	14	1.31	0.9%
化工原料及加工	14	0.8%	12	1.55	1.1%
房地产	10	0.6%	6	1.33	0.9%
建筑/工程	6	0.3%	5	0.25	0.2%
农/林/牧/渔	5	0.3%	5	0.48	0.3%
能源及矿产	3	0.2%	3	1.50	1.1%
广播电视及数字电视	1	0.1%	0	0.00	0.0%
其他	16	0.9%	13	1.18	0.8%
未披露	1	0.1%	1	0.05	0.0%
合计	1795	100%	1513	142.45	100%

三、北京科创氛围依旧浓厚,沪浙不断缩小差距

2018 年,我国早期投资市场最活跃地区依旧在北京,共发生 650 起投资案例,披露投资金额约 55.19 亿元(见表 3-2)。北京依托科

创中心的城市定位,在互联网、信息技术等创新领域多点开花,继续保持全国早期投资的引领地位。上海和浙江紧随其后。尽管北京领先优势依旧,但与上海的差距在不断缩小。相比 2017 年,京沪两地的早期投资案例数之比从 2.1 下降至 1.9,投资金额之比从 2.6 下降至 2.1。得益于阿里、网易等互联网巨头企业的带动效应及当地政府对创业投资基金的优惠政策,浙江的早期投资市场取得了长足进步,反超深圳位于早期投资最活跃地区的第三位。另外,在政府引导基金的支持下,四川、湖北、安徽和陕西等中西部地区的早期投资市场也蓬勃发展,已经构成了我国早期投资领域的第二梯队。

表 3-2 2018 年我国早期投资地域分布情况

地域	案例数（起）	比例	披露金额的案例数（起）	投资金额（亿元）	比例
北 京	650	36.2%	547	55.19	38.7%
上 海	341	19.0%	289	25.91	18.2%
浙 江	186	10.4%	154	12.52	8.8%
深 圳	154	8.6%	129	9.15	6.4%
广东(除深圳)	92	5.1%	77	9.92	7.0%
江 苏	68	3.8%	58	4.16	2.9%
四 川	59	3.3%	51	2.78	2.0%
福 建	47	2.6%	36	3.59	2.5%
安 徽	45	2.5%	42	3.36	2.4%
湖 北	41	2.3%	37	4.37	3.1%
陕 西	19	1.1%	17	1.00	0.7%
天 津	12	0.7%	9	2.08	1.5%
湖 南	11	0.6%	11	0.93	0.7%
重 庆	11	0.6%	9	0.53	0.4%
山 东	8	0.4%	8	1.79	1.3%
广 西	6	0.3%	4	0.33	0.2%
辽 宁	4	0.2%	4	0.17	0.1%
贵 州	3	0.2%	3	0.27	0.2%

地域	案例数（起）	比例	披露金额的案例数（起）	投资金额（亿元）	比例
海　南	3	0.2%	3	0.14	0.1%
河　北	3	0.2%	2	0.16	0.1%
河　南	3	0.2%	2	0.10	0.1%
黑龙江	2	0.1%	2	0.24	0.2%
西　藏	2	0.1%	1	0.03	0.0%
江　西	2	0.1%	1	0.30	0.2%
云　南	2	0.1%	2	0.15	0.1%
吉　林	1	0.1%	1	0.02	0.0%
其　他	20	1.1%	14	3.27	2.3%
总　计	1795	100%	1513	142.45	100%

四、支持政策陆续出台，助力早期投资健康发展

2018 年，政府陆续出台支持早期投资发展的政策。国务院印发《关于推动创新创业高质量发展打造"双创"升级版的意见》（国发〔2018〕32 号），从财税政策、差异化金融支持政策、孵化机构和众创空间服务等多方面对创新创业事业提供支持；财政部、税务总局发布《关于创业投资企业和天使投资个人有关税收政策的通知》（财税〔2018〕55 号），将创业投资税收优惠政策从试点省市推广至全国范围。在政策推动下，我国早期投资的活跃度稳中有进，为实体经济发展和产业升级提供了强大助力。

第三节　创业投资

2018 年是我国创业投资市场内外部环境发生重大变化的一年，

从宏观经济增速放缓、中美贸易摩擦不断,到金融监管收紧,再到资本市场深幅调整等,均对创业投资市场带来较大影响。一方面,市场在募资、投资、退出等多个环节都面临调整压力。新募集的创业投资基金数量和金额近年来首次出现双降,投资活跃度开始下滑,投资阶段明显后移,退出案例数也明显减少。另一方面,调整后的市场基本面依然向好。国外投资机构继续看好国内市场,外币基金募资规模明显回升,信息技术、人工智能等"硬科技"成为投资热点,投资逐步倾向于商业模式清晰的头部企业。

一、创投机构数量和管理资本量增长放缓

2018 年,我国创业投资市场的参与度仍在上升,创业投资机构数量和管理资本量持续增长,但增速略有下降。截至 2018 年底,在中国证券基金业协会登记的私募股权、创业投资基金管理机构有 1.47 万家。同期,我国股权投资市场累计管理资本总量达 10 万亿元,其中创业投资机构管理资本量约为 2.4 万亿元。

二、新募基金数和募资规模首现"双降"

2018 年,受市场内外部环境变化的影响,我国创业投资市场新募集的基金数量和金额近年来首次出现双双下滑。当年,创业投资机构共新募集 733 支基金,同比下降 18.1%,其中披露募资规模的 655 支基金新增募集金额为 3024.96 亿元,同比下降 13.0%(见图 3-4)。值得说明的是,2018 年外币基金的募资表现要远好于人民币基金(见表 3-3)。当年,新募集 41 支外币基金,募资总额折合人民币超过 1000 亿元,占创业投资市场总募资金额的比重接近 1/3。

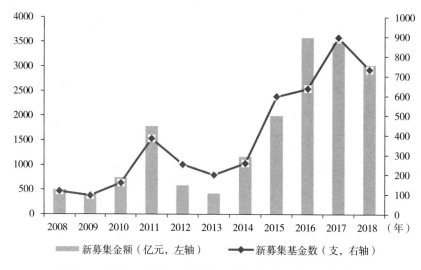

图 3-4　2008—2018 年我国创业投资市场的募资变化情况

表 3-3　2017—2018 年我国创业投资市场不同币种基金的募集情况

	新募集基金数（支）		新募集金额（亿元）	
	2017 年	2018 年	2017 年	2018 年
人民币基金	859	692	3008	1970
外币基金	36	41	468	1055
合　计	895	733	3476	3025

三、投资案例数出现下滑

2018 年，我国创业投资市场共发生 4321 起投资案例，同比下降 10.4%，其中披露投资金额的 3707 起投资交易共涉及 2117.97 亿元，同比增长 4.5%（见图 3-5）。当年，创业投资市场的大额融资案例频发，单项投资金额超过 10 亿元的案例有 24 起，里面包括像蚂蚁金服、拼多多、平安医保科技和金融壹账通等明星项目。

四、人工智能等"硬科技"领域成为投资热点

2018 年，我国创业投资市场的投资领域仍主要集中于信息技

图 3-5　2008—2018 年我国创业投资机构投资情况

术、互联网和生物技术/医疗健康三个行业(见表 3-4)。受投资人工智能等"硬科技"的带动,信息技术超越互联网成为投资最活跃的行业。从投资案例数看,信息技术、互联网和生物技术/医疗健康位列投资交易的前三位,分别有 974 起、729 起、677 起。从投资金额看,信息技术以 372.63 亿元的成绩位居首位,占比 17.6%;生物技术/医疗健康与互联网行业紧随其后,分别为 335.03 亿元、323.03 亿元,占比均在 15%以上。

表 3-4　2018 年我国创业投资行业分布情况

行业(一级)	案例数(起)	比例	披露金额的案例数(起)	投资金额(亿元)	比例	平均投资额(亿元)
信息技术	974	22.5%	810	372.63	17.6%	0.46
互联网	729	16.9%	616	323.03	15.3%	0.52
生物技术/医疗健康	677	15.7%	592	335.03	15.8%	0.57
娱乐传媒	253	5.9%	201	71.79	3.4%	0.36
电信及增值业务	241	5.6%	203	182.15	8.6%	0.90
金融	216	5.0%	180	172.54	8.1%	0.96

行业（一级）	案例数（起）	比例	披露金额的案例数（起）	投资金额（亿元）	比例	平均投资额（亿元）
机械制造	198	4.6%	180	73.35	3.5%	0.41
电子及光电设备	163	3.8%	147	65.69	3.1%	0.45
教育与培训	117	2.7%	100	21.41	1.0%	0.21
连锁及零售	103	2.4%	95	56.48	2.7%	0.59
汽车	99	2.3%	84	101.04	4.8%	1.20
清洁技术	99	2.3%	91	49.73	2.3%	0.55
化工原料及加工	80	1.9%	74	32.58	1.5%	0.44
半导体	73	1.7%	66	61.27	2.9%	0.93
物流	46	1.1%	44	66.01	3.1%	1.50
建筑/工程	45	1.0%	43	29.84	1.4%	0.69
食品/饮料	38	0.9%	36	20.28	1.0%	0.56
房地产	37	0.9%	31	26.24	1.2%	0.85
农/林/牧/渔	21	0.5%	18	13.51	0.6%	0.75
能源及矿产	20	0.5%	18	14.35	0.7%	0.80
纺织及服装	18	0.4%	14	2.17	0.1%	0.16
广播电视及数字电视	3	0.1%	3	0.82	0.0%	0.27
其他	61	1.4%	52	24.83	1.2%	0.48
未披露	10	0.2%	9	1.22	0.1%	0.14
合计	4321	100%	3707	2118	100%	0.57

五、投资重点转向商业模式清晰的头部企业

2018年，我国创业投资市场的投资阶段明显后移，扩张期和成熟期的投资比重不断加大（见表3-5）。在经济下行的背景下，创投机构避险情绪提升，更倾向于投资商业模式清晰的中后期头部企业。其中，扩张期和成熟期的投资案例共发生2257起，占比由上年的46.8%上升至52.2%；投资金额共计1356.79亿元，占比上升至64.1%。

表 3-5　2018 年我国创业投资阶段分布情况

投资阶段	案例数（起）	比例	披露金额的案例数（起）	投资金额（亿元）	比例	平均投资额（亿元）
种子期	707	16.4%	600	242.04	11.4%	0.40
初创期	1298	30.0%	1095	506.82	23.9%	0.46
扩张期	1674	38.7%	1416	952.85	45.0%	0.67
成熟期	583	13.5%	540	403.94	19.1%	0.75
未披露	59	1.4%	56	12.32	0.6%	0.22
合　计	4321	100%	3707	2117.97	100%	0.57

六、北上深等沿海地区投资依旧活跃

2018 年,我国创业投资仍主要集中在北京、上海、深圳三地,合计占比近六成(见表 3-6)。其中,拥有丰富科技人才、雄厚资本等有利资源的北京仍居首位,投资案例数为 1183 起,投资金额达 632.66 亿元;上海紧随其后,投资案例数和投资金额分别为 781 起和 426.67 亿元;深圳有 508 起投资案例,位居第三,投资金额则在浙江之后,排名第四。与东部地区相比,以湖北、四川为代表的中西部地区仍有相当差距,当地的创业投资市场需要进一步发展壮大。

表 3-6　2018 年我国创业投资地域分布情况

地域	案例数（起）	比例	披露金额的案例数（起）	投资金额（亿元）	比例	平均投资额（亿元）
北　京	1183	27.4%	973	632.66	29.9%	0.65
上　海	781	18.1%	669	426.67	20.1%	0.64
深　圳	508	11.8%	461	205.36	9.7%	0.45
浙　江	420	9.7%	343	259.53	12.3%	0.76
江　苏	371	8.6%	320	155.90	7.4%	0.49
广东（除深圳）	297	6.9%	273	149.57	7.1%	0.55
湖　北	99	2.3%	77	26.52	1.3%	0.34

地域	案例数（起）	比例	披露金额的案例数（起）	投资金额（亿元）	比例	平均投资额（亿元）
四 川	93	2.2%	81	23.94	1.1%	0.30
福 建	80	1.9%	69	21.39	1.0%	0.31
山 东	78	1.8%	73	36.23	1.7%	0.50
陕 西	52	1.2%	48	15.04	0.7%	0.31
安 徽	43	1.0%	38	13.14	0.6%	0.35
天 津	43	1.0%	39	12.73	0.6%	0.33
湖 南	39	0.9%	36	6.34	0.3%	0.18
重 庆	32	0.7%	27	14.16	0.7%	0.52
河 南	26	0.6%	24	15.42	0.7%	0.64
江 西	18	0.4%	16	8.10	0.4%	0.51
辽 宁	16	0.4%	15	3.31	0.2%	0.22
吉 林	15	0.3%	12	11.21	0.5%	0.93
河 北	14	0.3%	12	5.67	0.3%	0.47
海 南	12	0.3%	11	8.35	0.4%	0.76
贵 州	11	0.3%	10	17.89	0.8%	1.79
新 疆	9	0.2%	8	6.25	0.3%	0.78
黑龙江	8	0.2%	6	0.65	0.0%	0.11
山 西	7	0.2%	6	14.19	0.7%	2.36
广 西	6	0.1%	5	10.48	0.5%	2.10
青 海	6	0.1%	6	2.50	0.1%	0.42
云 南	4	0.1%	3	0.69	0.0%	0.23
西 藏	2	0.0%	2	0.03	0.0%	0.02
内蒙古	2	0.0%	2	0.13	0.0%	0.07
宁 夏	1	0.0%	1	0.12	0.0%	0.12
甘 肃	1	0.0%	1	0.28	0.0%	0.28
其 他	29	0.7%	25	7.65	0.4%	0.31
未披露	15	0.3%	15	5.89	0.3%	0.39
合 计	4321	100%	3707	2118	100%	0.57

第四节 资本市场融资

2018年,我国资本市场加快改革步伐,大力推进设立科创板并试点注册制、创新企业境内发行股票或存托凭证试点、创业投资基金投资退出反向挂钩机制等一系列制度创新,积极拓宽直接融资渠道,进一步完善多层次资本市场建设,持续提升服务实体经济、服务创新驱动战略能力①。

一、设立科创板并试点注册制

2018年11月5日,习近平总书记出席首届中国国际进口博览会开幕式并发表主旨演讲,宣布在上海证券交易所设立科创板并试点注册制。2019年1月23日,中央全面深化改革委员会第六次会议审议通过了《在上海证券交易所设立科创板并试点注册制总体实施方案》《关于在上海证券交易所设立科创板并试点注册制的实施意见》,并强调"在上海证券交易所设立科创板并试点注册制是实施创新驱动发展战略、深化资本市场改革的重要举措;要增强资本市场对科技创新企业的包容性,提高服务实体经济能力;要稳步试点注册制,统筹推进发行、上市、信息披露、交易、退市等基础制度改革,建立健全以信息披露为中心的股票发行上市制度"。3月1日,证监会正式发布《科创板首次公开发行股票注册管理办法(试行)》《科创板上市公司持续监管办法(试行)》,并自公布之日起实施。下一步,证监会将积极做好人员、机构、技术系统、上市资源、舆论引导等方面的准备工作,推动科创板顺利开板交易。从设立科创板并试点注册制的

---

① 本节内容主要来自证监会提供的材料,其中并购市场部分由清科研究中心提供。

目的看,旨在增强我国资本市场的包容性,更好地服务具有核心技术、行业领先、有良好发展前景和口碑的科技创新企业,通过改革进一步完善支持创新的资本形成机制。

二、推进股票融资制度创新

为进一步加大资本市场对实施创新驱动发展战略的支持力度,2018年3月30日,国务院办公厅印发《关于开展创新企业境内发行股票或存托凭证试点的若干意见》(国办发〔2018〕21号),对增强我国发行上市制度的包容性和适应性具有重要意义。证监会积极推进相应的配套制度建设,陆续发布实施《存托凭证发行与交易管理办法(试行)》等一系列制度措施,就试点企业的发行上市制度、选取标准和核准程序等做出系统全面规定,构筑起创新试点制度的"四梁八柱"。

2018年,证监会对首次公开发行(IPO)企业实行主动管理、分类推进,加快对符合条件企业的审核工作,发挥好资本市场支持创新创业的作用。截至2018年底,IPO在审企业家数由历史最高点895家下降至300家左右,长期以来的IPO"堰塞湖"现象得以有效缓解。IPO企业从申请受理到完成上市,其审核周期由过去3年以上大幅缩短至9个月左右,市场预期明显增强。全年共有105家企业首次公开发行并上市,融资1378.15亿元,其中创业板有29家企业完成上市,融资286.89亿元。

新三板已逐步建立了"小额、快速、灵活、多元"的融资机制,契合了创新创业企业融资灵活性、时效性强的特点。2018年,新三板市场共有1332家挂牌公司实施了1402次普通股发行,累计融资604.43亿元。其中,高新技术企业挂牌公司发行融资350.36亿元,占比57.98%;战略性新兴产业挂牌公司发行融资119.93亿元,占比近20%。截至2018年底,新三板市场挂牌公司存量10691家,民营企业占比93%,中小微企业占比94%,是我国资本市场服务创新型民营中小微企业融资的重要平台。

三、建立创业投资基金投资退出反向挂钩机制

为引导创业投资基金专注于长期投资和价值投资,2018年3月2日,证监会发布《上市公司创业投资基金股东减持股份的特别规定》,建立了创业投资基金股份减持比例与投资期限的反向挂钩机制,指导基金业协会在"资产管理业务综合报送平台"开发具体申请受理功能,并与上交所、深交所、中国结算等单位就数据传输流程等问题统一方案。

投资退出反向挂钩机制给创业投资基金提供了差异化政策支持,有利于创业投资基金退出和形成再投资的良性循环,引导创业投资机构树立长期投资理念,坚持长期投资和价值投资,促进创业投资行业良性发展。下一步,证监会还将研究反向挂钩机制推广应用于上市公司并购创业投资基金所投资企业等领域。

四、并购市场继续回落调整

在"宽严并济"的监管环境下,与私募股权相关的并购交易继续出现回落调整。2018年,受"资管新规"等一系列金融监管制度的影响,市场流动性普遍处于紧平衡,再加上国内外经贸环境持续紧张,国内企业实施并购的步伐有所放缓。但同时,国家也大力鼓励企业间兼并重组以提升整体实力,并出台多项政策支持上市公司通过并购重组发展新产业、新产品和新技术。2018年,我国共发生与私募股权相关的并购交易1269起,同比下降18.1%;披露金额的并购案件总交易规模为7302.21亿元,同比下降37.4%;平均并购金额为6.58亿元(见图3-6)。

信息技术、生物技术/医疗健康和机械制造行业的并购交易最为

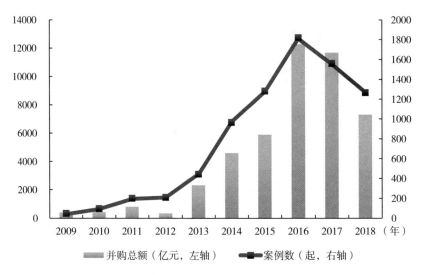

图 3-6　2009—2018 年我国私募股权相关的并购市场情况

活跃。2018 年我国私募股权相关的并购行业中,信息技术以 185 起交易案例成为最热门的并购行业,占总交易量的 14.6%,涉及并购金额为 362.95 亿;生物技术/医疗健康行业以 113 起交易案例跃居第二,占总交易量的 8.9%,涉及并购金额为 328.62 亿元;机械制造行业以 100 起交易案例排名第三,占总交易量的 7.9%,涉及并购金额为 405.80 亿元(见表 3-7)。

表 3-7　2018 年我国私募股权相关的并购市场行业分布情况(按被并购方计)

行业	案例数（起）	比例	披露金额的案例数（起）	并购金额（亿元）	比例	平均并购金额（亿元）
信息技术	185	14.6%	162	362.95	5.0%	2.24
生物技术/医疗健康	113	8.9%	103	328.62	4.5%	3.19
机械制造	100	7.9%	89	405.80	5.6%	4.56
电子及光电设备	98	7.7%	86	633.72	8.7%	7.37
互联网	87	6.9%	79	668.53	9.2%	8.46
清洁技术	83	6.5%	68	259.74	3.6%	3.82
金融	79	6.2%	69	507.36	6.9%	7.35
能源及矿产	59	4.6%	48	495.42	6.8%	10.32

行业	案例数（起）	比例	披露金额的案例数（起）	并购金额（亿元）	比例	平均并购金额（亿元）
娱乐传媒	55	4.3%	49	546.60	7.5%	11.16
化工原料及加工	55	4.3%	46	386.79	5.3%	8.41
建筑/工程	54	4.3%	52	161.49	2.2%	3.11
电信及增值业务	40	3.2%	35	998.39	13.7%	28.53
汽车	38	3.0%	35	410.07	5.6%	11.72
连锁及零售	34	2.7%	30	185.65	2.5%	6.19
物流	30	2.4%	25	189.17	2.6%	7.57
房地产	29	2.3%	17	327.82	4.5%	19.28
农/林/牧/渔	29	2.3%	26	69.73	1.0%	2.68
食品/饮料	21	1.7%	15	168.45	2.3%	11.23
教育与培训	19	1.5%	18	16.87	0.2%	0.94
纺织及服装	7	0.6%	7	28.11	0.4%	4.02
半导体	6	0.5%	6	40.01	0.5%	6.67
广播电视及数字电视	1	0.1%	1	4.60	0.1%	4.60
其他	47	3.7%	43	106.32	1.5%	2.47
总计	1269	100%	1109	7302.21	100%	6.58

第五节　非股权融资

2018年,我国非股权融资领域继续取得积极进展,着力支持"双创"重点领域,大力提升"双创"金融服务质效。人民银行鼓励银行业金融机构发行创新创业金融债券,募集资金专项用于发放创新创业领域贷款;支持企业发行"双创"专项债务融资工具,募集资金以"投债联动"模式直接用于支持科技创新型企业发展。金融机构创新对科创企业的投贷联动金融服务模式,开发性和政策性银行利用自身比较优势积极支持"双创"事业发展,多部门共同推动提升对小微企业的融资服务水平,保险、信托等其他金融机构不断丰富创业融资渠道。

一、积极支持"双创"专项债券发行

人民银行积极支持符合条件的金融机构发行创新创业金融债券,募集资金专项用于发放创新创业领域贷款。截至 2018 年底,共有 4 家商业银行累计发行 65 亿元创新创业金融债券,有力支持了小型、微型创新创业主体发展,加强了金融对创新创业的支持和服务。中国银行间市场交易商协会坚持市场化、注册制理念,创新"双创"专项债务融资工具、创投企业债务融资工具等产品,多元化支持创新创业企业融资发展。截至 2018 年底,累计注册"双创"专项债务融资工具 418.4 亿元,发行 243.2 亿元,可为 119 家高端装备制造、生物医药研发等领域的民营及中小微科技创新企业提供资金支持;支持 9 个发行主体注册创投企业债务融资工具 167.4 亿元,发行 90.8 亿元。

证监会支持创新创业企业通过债券市场融资,健全资本形成方式,培育优质企业发展壮大。2017 年 7 月,发布《中国证监会关于开展创新创业公司债券试点的指导意见》,设立专项机制支持科技型中小企业和创投企业发债融资,引导募集资金"投早投小"。同时,健全股债结合机制,推出附转股条款的创新创业公司债券,有效降低企业融资成本,满足企业多样化的融资需求。创新创业债券试点以来,先后支持 50 家企业募集资金 79 亿元,其中 2018 年发行创新创业债券 22 只,募集资金 37.35 亿元。发行企业集中在新能源、生物医药、电子通信等行业领域,所募资金用于产品研发、扩大再生产,有效扶持中小型科技企业发展。

二、创新对科创企业的投贷联动金融服务模式

银行、保险等金融机构强化对科创企业的金融服务水平。截至

2018 年底,全国银行业金融机构已设立科技支行、科技金融专营机构 743 家,对科技型企业贷款余额 3.53 万亿元,存量客户 10.63 万户;全年科技保险实现保费收入 88.92 亿元,提供风险保障金额 14728.95 亿元。

银保监会已将科技金融和投贷联动统计监测纳入非现场监管系统,进行持续监测评估。部分银行金融机构探索运用"合作创投机构投资+银行贷款""银行贷款+远期权益""股权收购基金"等投贷联动金融服务模式,为科创企业提供持续资金支持。截至 2018 年底,银行业金融机构外部投贷联动项下科创企业贷款余额 305.86 亿元。

专栏 3-2　创新对科技企业的投贷联动金融服务模式

工商银行为科技企业提供"股权+债权""境内+境外"等综合化金融服务,提出了跟贷、远期利率期权、可认股安排权及直投四种模式。截至 2018 年三季度,相关业务融资余额约 8.55 亿元。

中国银行 2018 年组织开展近百场"投贷联动一站通"活动,搭建了由商业银行、投资公司、保险公司及地方政府共同参与的投贷联动综合服务平台,助力创新创业企业转型发展。截至 2018 年 12 月末,投贷联动客户数 122 户,授信余额 22 亿元,投资余额 6.9 亿元。

杭州银行开发"风险池基金贷款""选择权业务""银投联贷"等创新产品,加强与外部创业投资机构等渠道的密切合作,实施科技文创金融事业部制改革,提升专业化服务能力,有力支持了经营区域内创新创业类中小企业发展。

三、不断提升对小微企业的融资服务水平

2018 年,人民银行等部门认真贯彻落实党中央、国务院决策部署,按照"几家抬"工作思路,长短结合、综合施策,从货币政策、监管政策、财税激励、优化营商环境等方面着手,出台一系列具有针对性的政策,着力提升小微企业金融服务能力和水平,取得积极进展。

人民银行坚持稳健货币政策取向,积极创新和运用结构性货币政策工具,2018 年 4 次定向降准、增量开展中期借贷便利操作增加中长期流动性,3 次增加支小再贷款再贴现额度,创设定向中期借贷便利支持银行获得长期稳定资金,扩大央行担保品范围,组合运用信

贷、债券、股权"三支箭",支持民营和小微企业拓宽融资途径。2018年,小微企业金融服务的能力和水平显著提升,信贷投放持续增加,利率水平稳步下降,覆盖面不断拓宽。截至 2018 年底,全国普惠口径小微企业贷款①余额 8 万亿元,同比增长 18%,增速比上年末高 8.2 个百分点;单户授信 500 万元以下小微企业授信户数同比增长 35.2%。2018 年 12 月,当月新发放的单户授信 500 万元以下小微企业贷款同比下降 0.39 个百分点。

金融支持科技创新型小微企业力度持续加大,围绕科技创新型小微企业全生命周期不同阶段的融资需求,建立贷、债、投结合的投融资产品体系。创新投贷联动模式,开展知识产权质押贷款,支持大众创业、万众创新,拓宽多元化融资渠道。人民银行联合财政部、人力资源社会保障部加大创业担保贷款政策实施力度,取消个人创业担保贷款申请人贷款记录向前追溯 5 年的限制条件,将个人贷款额度调高至 15 万元,截至 2018 年底,全国创业担保贷款余额 1064 亿元,同比增长 22.5%。

为突出对银行业发展普惠金融的差异化监管导向,2018 年起,银保监会对单户授信总额 1000 万元以下(含)的小微企业贷款实施"两增两控"②目标考核,密切监测银行普惠型小微企业③贷款利率,督导保持在合理水平,实现稳中有降。截至 2018 年底,普惠型小微

---

① 普惠小微贷款,是指单户授信 500 万元以下的小型、微型企业法人贷款以及小微企业主和个体工商户经营性贷款。自 2019 年起,为进一步扩大小微企业、民营企业支持范围,中国人民银行将运用支小再贷款、定向降准等货币政策工具的考核口径从单户授信 500 万元以下扩至单户授信 1000 万元以下。

② "两增",是指单户授信总额 1000 万元以下(含)小微企业贷款同比增速不低于各项贷款同比增速,有贷款余额的户数不低于上年同期水平;"两控",是指合理控制小微企业贷款资产质量水平和贷款综合成本(包括利率和贷款相关的银行服务收费)水平。

③ 普惠型小微企业贷款,是指银行业金融机构向国标口径的小微企业、个体工商户发放的,单户授信总额 1000 万元及以下的经营性贷款。

企业贷款余额比各项贷款增速高 9.2 个百分点,贷款户数比年初增加 455.07 万户,实现了"两增"目标。2018 年第四季度,银行业新发放普惠型小微企业贷款平均利率较第一季度下降 0.8 个百分点。其中,大型银行发挥行业"头雁"效应,主动对小微企业让利,第四季度新发放普惠型小微企业贷款平均利率较第一季度下降 1.11 个百分点。具体措施包括:一是 5 家大型银行在总行和全部一级分行成立普惠金融事业部,8 家股份制银行①也在总行设立普惠金融事业部或服务中心,同时还在孵化平台、企业园区和创新创业活跃、金融生态良好、政府支持力度较大、知识产权保护及流转情况较好、分支机构管理水平较高的地区设立专营机构。二是银保监会通过与其他部委、地方政府部门合作,深化"银税互动"和"银商合作",积极落实定向降准、财政贴息、税收优惠等政策,降低银企信息不对称,扩大小微企业贷款覆盖面。结合政府增信机制,推动地方政府完善小微企业贷款风险分担补偿机制,进一步缓释风险,提高小微企业贷款可得性。三是稳步推进直销银行试点工作,引进拥有比较优势的外资银行。首家直销银行试点中信百信银行于 2017 年 11 月正式设立,该行积极发挥互联网技术和渠道优势,专注于服务个人和小微企业,凭借服务成本低、受众覆盖面广等特点,提供小额标准化产品,践行普惠金融服务。引进在科技、小微企业等领域具有比较优势的外资银行来华设立分支机构,鼓励外资银行依托境外低成本资金、产品设立和风险管理技术,帮助"双创"企业降低融资成本,规避金融市场风险。

四、开发性和政策性银行积极支持创新创业事业发展

国家开发银行发挥国开金融、国开证券等子公司投资优势,运用

---

① 8 家股份制银行包括中信银行、光大银行、民生银行、平安银行、兴业银行、浙商银行、渤海银行、华夏银行。

"投贷债租证"多种方式支持科技型企业发展,发行了银行间市场"双创"专项债。截至 2018 年底,国家开发银行支持战略性新兴产业贷款余额 7705 亿元,支持集成电路及配套产业贷款余额 2738 亿元,支持科技型企业 139 户。

进出口银行主要通过银行转贷款方式,将政策性银行批发性资金转贷给地方性法人银行,积极支持"双创"中小微企业。同时通过参控股的 5 支基金和 3 家担保公司,以投资和担保的形式积极支持"双创"等中小微企业融资,助力企业推进重大科技成果应用转化和产业化。

农业发展银行着力支持了一批集标准化原材料基地、规模化种养设施和集约化加工园区于一体的各类现代农业产业园、科技园、创业园。例如,农发行浙江分行审批 1.5 亿元现代农业园区中长期贷款,创新运用"飞地"经济模式支持平湖—青田山海协作"飞地"产业园项目,打破了发达地区与欠发达地区之间的行政区域限制,通过规划、建设、管理、税收分配等合作方式和利益共享机制,实现了资源互补和互利共赢。

五、保险、信托等金融机构不断丰富创业融资渠道

保险机构通过出资创业投资基金和设立股权投资计划等方式支持新材料应用、前沿医疗、生物技术、信息技术、智能制造、生态环保、新能源等国家创新驱动发展战略项目。在创业投资基金上,截至 2018 年底,中国人寿、泰康人寿、人保财险、太平人寿等多家保险机构通过 48 项私募基金投向"双创"领域,投资总额 329.81 亿元,投向主要涉及新材料应用、前沿医疗等多个高科技行业。在股权投资计划①上,截至 2018 年底,人保资产、光大永明资产、太保资产共设立 5

---

① 股权投资计划,是指保险资产管理机构作为管理人发起设立,向投资人募集资金并进行投资管理,由托管人进行托管,直接或间接投资于未上市企业股权的金融工具。

项股权投资计划,投资总额363亿元,其中人保资产设立3项股权投资计划,投资规模45亿元,包括清华启迪创新基金股权投资计划投向清华大学产业孵化项目、人保—前海母基金股权投资计划投向生物技术等创新型企业、人保资产—中节能新材料环保产业基金股权投资计划投向节能新材料领域;太保资产设立太平洋—国风投基金股权投资计划,投资规模306亿元,主要投向信息技术、智能制造、生态环保、新能源、新材料等国家创新战略项目。

信托公司遵循价值投资和长期投资理念,充分发挥信托制度综合性、灵活性、敏锐性优势,积极探索新产品、新模式,通过信托贷款、股权投资、基金化运作等方式,为创业企业提供综合化、个性化金融服务。一是设立各类基金,支持创业企业发展。各信托公司以产业基金、创业投资基金等方式探索发展股权融资,为创业企业提供金融支持。二是发放信托贷款,为创业企业提供个性化金融服务。三是创新知识产权收益权信托模式,为创业企业提供投融资服务。四是设立产业扶贫慈善信托,支持贫困地区群众创业脱贫。

专栏3-3　信托机构积极支持创业企业发展

东莞信托引入社会资本发起设立"东莞市倍增优选股权投资合伙企业(有限合伙)",已募集资金2.12亿元,主要投资于东莞地区新能源、新材料、节能环保和先进制造等领域具有成长潜力的初创期创新型企业,助力推动东莞本土产业结构升级转型,目前已通过基金进行股权投资962.5万元。

华能贵诚信托拓展供应链金融业务,为明阳智能等华能集团上下游的新能源企业提供信托贷款、受让应收账款等金融服务,支持新能源产业发展。

国元信托设立知识产权收益权信托,以受托人名义受让符合条件的合肥市高新区的中小企业拥有的知识产权收益权,并募集资金进行投资,到期由收益权转让企业予以溢价回购,回购溢价率为8.5%/年(省市两级财政向企业补贴2.5%,实际融资成本仅6%),为拥有自主知识产权的中小企业解决融资难、融资贵问题。目前,该模式为合肥高新区的3家企业提供资金2000万元。

长安信托设立大爱长安·陕西银行业普惠金融扶贫慈善信托,信托总资产530万元。该信托以农户小额贷款风险损失补偿金的形式与农村金融机构合作,通过信托资金对农村金融机构向农户的贷款进行风险补偿,由此降低对农户的贷款发放条件。截至2018年底,该信托已支持延安四家农村金融机构开展普惠金融业务,共办理农户贷款648户,授信额度5323万元,贷款余额4858万元,重点支持非建档立卡户及有资金需求及产业致富愿望的农户。

第四章　创业就业

随着"证照分离"改革在全国推开以及"互联网+政务服务"的深化,我国商事制度改革得到了进一步推进,营商环境持续优化。新登记企业行业分布更趋合理,创业企业质量不断提升,个体工商户户数保持稳定增长,创业群体不断涌现。新设市场主体的持续大量涌现,激发了市场活力和创造力,对促进就业、促进经济健康发展发挥了重要作用。

第一节　创新创业培育就业新动能

随着创新创业系列政策的持续推进,创业带动就业的机制日益明显:从示范基地的典型案例到创业创新创造出新产业、新业态、新就业增量,到推动就业结构的优化,创业带动就业,创业创造新就业的功能越来越重要。

一、创新创业推动就业结构优化

2018年大众创业万众创新深入推进,全国日均新设企业超过1.8万户,市场主体总量超过1.9亿户,蓬勃发展的市场主体创造了大量就业岗位。

面对国内外复杂的经济环境,2018年城镇新增就业1361万人,再创历史新高。城镇登记失业率的均值为 3.84%,低于 2017 年和 2016 年的 3.94%、4.04%。城镇调查失业率的均值为 4.93%,低于上年的 5.07%。31 个大城市调查失业率的均值为 4.78%,低于前两年的 4.91%、5.05%。城市劳动力市场供求比例(招工人数:求职人数)为 1.25,高于前两年的 1.16 和 1.09。

（单位：%）

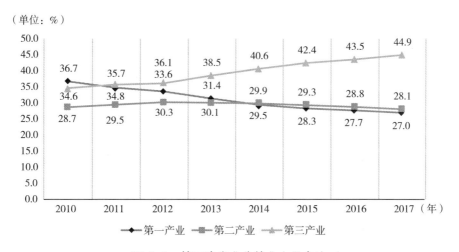

图 4-1　按三次产业分就业人员占比

资料来源:《中国统计年鉴》(2018)。

大众创业万众创新推动了劳动力市场转型和劳动就业观念转变,我国就业结构持续优化。自 2014 年城镇就业比重首次超越乡村以来,2018 年城镇就业占比进一步提高到 56.0%。服务业作为我国就业第一大产业的地位进一步巩固,我国产业就业结构的高低排序依据从"一、二、三"的发展型模式提升到了"三、二、一"的现代模式,2018 年第一、二、三产就业人数分别为 2.03 亿人、2.14 亿人和 3.59 亿人,分产业就业比重分别为 26.1%、27.6%和 46.3%(见图 4-1),随着 2018 年第三产业增加值比重的进一步提升,服务业就业人数的占比也会进一步提高。创新创业的财富效应不断释放,非公有制经济的就业吸引力不断提高,2018 年城镇私营企业、个体吸纳的城镇就业人数已经过半,分别占城镇就业人数的 32.1%、24.0%,而国有、集体、股份合作、国有独资等公有单位就业人员占城镇就业的比重下降到 16.4%。

二、新动能形成就业新动力

在技术、产业、业态、主体和制度等层面,大众创业万众创新孕育了带动就业的新动能。"双创"带动了人工智能、大数据、生物医药、智能制造、节能环保、新能源、新材料等高新技术发展,研发、生产、销售、维护环节新增了大量用工需求。新一代信息技术、高端装备、新材料、生物、新能源汽车、新能源、节能环保、数字创意等战略性新兴产业,逐步成为带动就业的关键产业。网购、快递、移动支付、共享经济为代表的新业态快速发展,产生了大量劳动密集型就业岗位,有效缓解了传统产业转型过程中的就业压力。各类创业主体不断涌现,不但带动了产业上下游的就业,而且改变了劳动者的择业观。宏观调控、"放管服"改革、就业政策等形成了新制度合力,有力促进了就业。

高新技术领域产生了许多新职业,有力带动了就业。人力资源社会保障部、市场监管总局、国家统计局正式向社会发布了 15 个新职业信息。与人工智能、物联网、大数据和云计算相关的高新技术产业成为我国经济新的增长点,对从业人员的需求大幅增长,形成相对稳定的从业人群,产生了人工智能工程技术人员、物联网工程技术人员、大数据工程技术人员和云计算工程技术人员等新职业。新兴技术推动第一、第二产业智能化发展,工业机器人开始替代生产流水线上简单劳动力,与机器人相关的生产、服务和培训企业蓬勃发展,对工业机器人系统操作员和系统运维员的需求剧增,使其成为现代工业生产一线的新兴职业。信息化使传统职业的职业活动内容发生变革,衍生出了数字化管理师、建筑信息模型技术员等新职业。

表 4-1 最新发布的十五个新职业

职业名称	职业定义
人工智能工程技术人员	从事与人工智能相关算法、深度学习等多种技术的分析、研究、开发,并对人工智能系统进行设计、优化、运维、管理和应用的工程技术人员。
物联网工程技术人员	从事物联网架构、平台、芯片、传感器、智能标签等技术的研究和开发,以及物联网工程的设计、测试、维护、管理和服务的工程技术人员。
大数据工程技术人员	从事大数据采集、清洗、分析、治理、挖掘等技术研究,并加以利用、管理、维护和服务的工程技术人员。
云计算工程技术人员	从事云计算技术研究,云系统构建、部署、运维,云资源管理、应用和服务的工程技术人员。
建筑信息模型技术员	利用计算机软件进行工程实践过程中的模拟建造,以改进其全过程中工程工序的技术人员。
电子竞技运营师	在电竞产业从事组织活动及内容运营的人员。
电子竞技员	从事不同类型电子竞技项目比赛、陪练、体验及活动表演的人员。
无人机驾驶员	通过远程控制设备,驾驶无人机完成既定飞行任务的人员。
数字化管理师	利用数字化办公软件平台,进行企业及组织人员架构编辑、组织运营流程维护、工作流协同、大数据决策分析、企业上下游在线化连接,使企业组织在线、沟通在线、协同在线、业务在线、生态在线,实现企业经营管理在线化、数字化的人员。
农业经理人	在农民专业合作社等农业经济合作组织中,从事农业生产组织、设备作业、技术支持、产品加工与销售等管理服务的人员。
工业机器人系统操作员	使用示教器、操作面板等人机交互设备及相关机械工具对工业机器人、工业机器人工作站或系统进行装配、编程、调试、工艺参数更改、工装夹具更换及其他辅助作业的人员。
工业机器人系统运维员	使用工具、量具、检测仪器及设备,对工业机器人、工业机器人工作站或系统进行数据采集、状态监测、故障分析与诊断、维修及预防性维护与保养作业的人员。
物联网安装调试员	利用检测仪器和专用工具,安装、配置、调试物联网产品与设备的人员。
城市轨道交通线路工	从事城市轨道交通线路设施施工、大修、维修及巡检的人员。
城市轨道交通列车检修工	从事城市轨道交通列车接收、检修及调试的人员。

资料来源:人力资源和社会保障部。

共享经济平台成为新型灵活就业的重要源泉。国家信息中心中国共享经济发展年度报告(2019)显示,2018 年我国共享经济参与者人数约 7.6 亿人,其中服务提供者人数约 7500 万,随着服务提供者多数都是兼职人员,但部分领域的服务者已经出现了专职化趋势。共享经济领域从出行、住宿等生活服务领域向工业制造、农业等生产领域持续扩展,平台企业的员工数从 2017 年的 556 万人增长到 2018 年的 598 万人。

创业公司提供大量就业岗位。2018 年创业公司直接产生了 131 万人次的招聘需求(见表 4-2)。在不同行业之间,IT、通信、电子、互联网的创业公司是招聘主力,其中电子、半导体、电路行业的用工需求实现了快速增长,硬件创业公司的用工需求也逆势增长。在加工制造业中,医药、医疗设备等行业创业公司的用工需求快速增长。现代服务业创业公司的用工需求显著增加,物业管理、中介、检验、教育、交通、物流、媒体等行业用工需求快速增长。

表 4-2 2018 年全国创业企业分行业的招聘需求 　　(单位:万人)

IT、通信、电子、互联网	互联网、电子商务	29.99
	软　件	8.55
	IT 服务	2.48
	电子、半导体、电路	2.89
	硬件	0.84
	通信、电信、网络	1.41
	电信运营	1.05
	游　戏	1.80
金融业	基金、证券、期货、投资	5.21
	保　险	0.16
	银　行	0.38
	信托、担保、拍卖、典当	0.22
房地产、建筑业	房地产、建筑、建材、工程	8.14
	家居、室内、装潢	2.03
	物业管理、商业中心	1.07

	咨询、财会、法律、人力资源	6.04
商业服务	广告、会展、公关	2.38
	中介	4.14
	检验、检测、认证	0.34
	外包	0.70
	食品、饮料、烟酒、日化	3.57
	服饰、纺织、皮革、家具、家电	2.93
贸易、批发、零售、租赁业	贸易、进出口	4.29
	零售、批发	3.60
	租赁	0.44
文体教育、工艺美术	教育、培训、院校	7.59
	礼品、玩具、工艺、美术、收藏品、奢侈品	0.59
	汽车、摩托车	2.19
	设备、机电、重工业	1.52
	加工、制造、原料加工、模具	0.42
	仪器、仪表、自动化	1.31
生产、加工、制造	印刷、包装、造纸	0.37
	办公用品	0.24
	医药、生物工程	1.62
	医疗设备、器械	1.28
	航空、航天	0.12
交通、运输、物流、仓储	交通、运输	0.81
	物流、仓储	0.84
	医疗、护理、美容、保健、卫生	3.67
服务业	酒店、餐饮	2.38
	旅游、度假	0.75

文化、传媒、娱乐、体育	媒体、出版、影视、文化	4.66
	娱乐、体育、休闲	1.18
能源、矿产、环保	能源、矿产、采掘、冶炼	0.99
	石油、石化、化工	0.23
	电气、电力、水利	0.18
	环　保	1.85
政府、非营利机构	政府、公共事业、非营利	0.08
	学术、科研	0.59
农、林、牧、渔、其他	农、林、牧、渔	0.37
	跨领域	1.04
	其　他	0.02
总　计		131.54

数据来源:佰职就业大数据。

三、创新创业带动就业的典型经验

不断探索新模式的企业类示范基地。在目前的 120 家双创示范基地中,有 28 家为企业类双创示范基地,其中既包括大型国有企业,也包括近年来崛起的私营企业。2018 年,企业类双创示范基地作为创新的主体,在经营模式及管理模式方面不断创新。一方面,一些国有特别是中央企业作为产业结构调整和新旧动能转换的主力军,在经济新常态下充分发挥资金、技术、人才等方面优势,积极推动自身创新创业,培育孵化新兴产业,形成大中小企业协同发展新格局,最终为带动就业起到了促进作用。另一方面,一些互联网企业依托移动互联网的飞速普及契机,深度促进互联网与其他新兴技术深度融合,极大地挖掘了市场上的潜在需求,衍生出了多种"互联网+"商业模式,新增了大量就业岗位。

专栏 4-1　有效利用平台优势的阿里巴巴集团

　　2018 年,阿里巴巴充分发挥技术和商业两大生态体系,依托平台优势,整合各业务端技术创新和创业空间,做好双创示范基地建设。目前,阿里巴巴集团持续为超过 6 亿消费者和客户提供电子商务、互联网金融、云计算、大数据、智能物流等多样服务。旗下各业务平台支持超过创业人数超过 1000 万人,包括为数百万大学生和年轻人提供创业机会。仅新零售商业生态,就有超 1200 万人开店创业(其中,女性店主超 600 万,残疾人店主超 16 万人),直接间接拉动 3681 万个就业机会。

专栏 4-2　探索体制机制创新的中国电子科技集团

　　中国电子科技集团积极吸纳社会各类创新资源,成立了一批混合所有制的科技成果转化公司,培育了发展新动能。其中围绕国家安全战略需求组建的"天山力盾创新联盟"为新疆提供了系列化新技术产品,带动当地 2 家信息科技公司完成创业板上市,吸引了国内 6 家高科技公司落户当地智慧安防产业园,安排本地员工就业和下岗职工培训上岗再就业超过 500 人。

不断优化要素结构的区域类示范基地。区域协调发展既可以发挥相对发达地区的辐射带动作用,又可以发挥相对落后地区的比较优势,在产业梯次转移过程中优化经济及就业结构。在目前的 120 家双创示范基地中,区域类双创示范基地数量最多,达到 62 家,区域类双创示范基地是三类示范基地中政策能力最强的示范基地,2018 年各区域类双创示范基地不断整合资源,在促进创业的同时带动了大量就业岗位。

专栏 4-3　积极对接其他区域的保定国家高新技术产业开发区

　　保定国家高新技术产业开发区在引入中关村创新资源实施协同创新方面已形成了三年的积淀,2018 年创新基地入驻企业达到 87 家,其中半数以上为京津冀企业。2018 年保定高新区与深圳湾签订合作协议,引进深圳湾高端创新,助推保定高新区产业升级和园区发展。两年来保定高新区会同各大高校组织招聘会近 210 余场,共提供就业岗位近 2000 个,为高校毕业生和部分技术人才提供了充足的创业就业机会。

大连高新技术产业园区双创示范基地在 2018 年 4 月得到国务院通报表彰,被列入"落实创新创业政策真抓实干成效明显"推荐激励名单。在互联网周刊近日发布的"2018 互联网+科技孵化机构 TOP100"排行中,示范基地的重要双创孵化载体——大连市高新技术创业服务中心连续四年跻身前十名。2018 年,大连在金融、税收、人才激励能方面出台大量政策,通过多种措施不断探索和打造了"互联网+新兴产业集群",并取得了较好的效果,多个新兴产业迎来爆发。经过长期积累,大连高新技术产业园区双创示范基地目前已经拥有软件产业人才 16 万人,是全国第一个千亿软件产业园区。该示范基地不仅创造了大量就业岗位,同时还累计吸引了接近 1 万名海外人才回国就业创业。

不断提升人才培养质量的高校类示范基地。在"双创"过程中,个体人力资本质量直接影响着创新创业的行为效果。在目前的 120 家双创示范基地中,高校类双创示范基地有 19 家,其中绝大多数为普通高等院校,也有个别极具特色的职业技术学院。2018 年,各大高校类双创示范基地在落实立德树人根本任务基础之上,坚持创新引领创业、创业带动就业,不断推进创新创业教育改革,完善人才培养的条件和政策保障,促进了高等教育与科技、经济、社会紧密结合,培养了大批富有创新精神、勇于投身实践的创新创业人才队伍。

在推动"双创"工作中,清华大学积极响应国家政策,在创业教育的理论与实践进行了积极探索,搭建和完善了集教学、研究、辅导、实训、孵化于一体的创新创业平台,加强了大学生就业创业基础条件和工作队伍建设,提高了大学生创业服务水平,大力推进了大学生自主创业,在全国高教界发挥了重要的引领和辐射作用。近三年来清华大学共有 199 名毕业生直接创业,其中本科生 51 人、硕士生 129 人、博士生19 人。

第二节　创业企业

　　积极落实商事制度改革各项任务措施,营商环境持续改善,2018年创业企业数量仍然增长较快,新兴服务业贡献突出。创业企业质量不断提升,私营企业数量保持增长,独角兽和瞪羚企业不断涌现,小微企业活跃度较高。同时,由于退出机制不断完善,使得企业"新陈代谢"率保持正常水平。

一、创业企业数量增长较快

　　新登记企业数量平稳增长。2018 年全国新登记企业数量达到670.0 万户,同比增长 10.3%,增速略高于 2017 年水平(如表 4-3)。全年日均新设企业 1.8 万户,较 2017 年日均新设量增长了 8.43%。

　　实有企业数量持续提高。截至 2018 年底,我国实有企业数量为 3474.2 万户,同比增长 16.9%。目前,已经连续六年实现两位数的增长,从另一个侧面反映了创业企业强劲的发展势头。

表 4-3　2016—2018 年创业企业情况　　　　（单位:万户）

	新设企业	同比增长	日均新设	同比增长	实有企业数	同比增长
2016	552.8	24.5%	1.51	25.8%	2594.7	18.8%
2017	607.37	9.9%	1.66	10.2%	3033.7	16.9%
2018	670.0	10.3%	1.8	8.43%	3474.2	14.5%

二、新设企业行业结构出现分化

第三产业保持较快增速。2018 年第三产业新设企业 534.43 万户,增长 11.4%,带动第三产业实有企业在全国实有企业中的比重由 2017 年底的 76.4% 提升到 2018 年底的 76.5%。其中,新兴服务业贡献突出。教育,卫生和社会工作,水利、环境和公共设施管理业,文化、体育和娱乐业分别增长 81.7%、43.0%、26.8%、25.3%。与此同时,外商投资进一步向服务业集中。2018 年新设服务业外商投资企业注册资本同比增长 1.2%,截至 2018 年实有服务业外商投资企业注册资本同比增长 19.8%,占到全部外商投资企业注册资本 64.1%,比上年底提高 4 个百分点,与我国推动服务业对外开放的政策取向吻合。

第二产业增长放缓。2018 年新设企业 116.25 万户,同比增长 7.8%,比 2017 增长放缓 22.1 个百分点。从区域看,东部地区新设企业最多,占比超过 50%;中部地区增长最快,增速 16%。

第一产业新登记企业数量有所下降。2018 年第一产业新登记企业数量 19.33 万户,同比下降 3.9 个百分点。

三、创业企业质量不断提升

私营企业数量保持增长。2018 年新设私营企业 627.62 万户,增长 10.1%。从行业看,服务业增长最快,主要集中在批发和零售业、租赁和商务服务业、科学研究和技术服务业,三个行业合计占50%以上。

独角兽企业和瞪羚企业迅速涌现。据 CB Insights 2019 年 3 月 14 日发布的数据,2018 年全球 326 家独角兽公司榜单中共有 92 家中国独角兽,占全球独角兽公司的 28%,排在全球第二。除了今日头条、滴滴出行这些巨头外,2018 年 37 家中国公司的估值达到了 10 亿美元,主要分布在医疗保健,交通运输和教育等领域,大多数公司都位于上海或北京。与 2017 年相比,新增加 37 家,数量比例从 26% 上升至 28%。同时,据科技部火炬中心和长城战略咨询联合发布的《国家高新区瞪羚企业发展报告 2018》显示,2017 年国家高新区瞪羚企业数量达 2857 家,是 2015 年的近一倍,比 2016 年多 281 家。所有企业研发投入高达 7%,近三年年均收入增长率超过 35%。在瞪羚企业中,有 2512 家是高新技术企业,占总体数量的 87.9%;有 2328 家是民营企业,占总体数量的 81.5%;有 2443 家是中小型企业,占总体数量的 85.5%。瞪羚企业群体区域分布更加广泛,2017 年拥有瞪羚企业的高新区由 132 个上升到 139 个,占国家高新区总数的 88.5%。中关村、上海张江、深圳、广州、苏州工、杭州、武汉东湖、厦门、成都、西安等瞪羚数量排名前十的高新区共拥有瞪羚企业 1639 家,占国家高新区瞪羚企业总数的 57.4%。

小微企业总活跃度较高。随着营商环境逐步改善,2018 年全国新设小微企业总体发展形势好于前几年,周年活跃指数保持较高水平,并呈现稳中有升的态势。2018 年"百县万家新设小微企业周年活跃度调查"结果显示,新设小微企业经过一年时间,开业率达到 74.7%,比上年新设小微企业周年开业率高 4.9 个百分点。其中,第四季度新设小微企业周年开业率最高,达到 76.9%,比第一、二、三季度新设小微企业周年开业率分别高 3.7 个、2.2 个和 2.8 个百分点。分行业看,交通运输、仓储和邮政业,农林牧渔业,居民服务、修理和其他服务业,批发和零售业四个传统行业开业率较高,周年开业率分别为79.8%、79.4%、77.8%和75.8%,高于平均开业率5.1个、4.7个、3.1个和1.1个百分点。另外,文化、体育和娱乐业,信息传输、软件和信息技术服务业两个现代服务业开业率超过平均水平,分别为78.2%和75.1%,高于平均开业率3.5个和0.4个百分点。

专栏4-7　科技型中小企业发展情况

广大科技型中小企业是创新创业的主力军。截至2018年,全国入库科技型中小企业数量突破13万家,实现各省全覆盖;共拥有发明专利等核心知识产权12.05万件,企业研发投入占销售收入比例平均达到10%;数据显示,全国共有8.4万家科技型中小企业享受到研发费用加计扣除比例提高至75%的优惠政策,占全国享受到研发费用加计扣除优惠企业的51.9%,减免企业所得税375亿元;据统计,13.1万家入库科技型中小企业职工总数816万人,吸引科技人员266万人,当年吸纳大学应届毕业生32万人。

四、创业企业退出机制不断完善

当前,企业简易注销改革稳步开展,并且取得一定成效。2018年12月,市场监管总局发布了《关于开展进一步完善企业简易注销登记改革试点工作的通知》,在原工商总局印发的《关于全面推进企业简易注销登记改革的指导意见》(工商企注字〔2016〕253号)基础上,要求试点地区市场监管部门进一步拓展企业简易注销登记适用范围,对领取营业执照后未开展经营活动、申请注销登记前未发生债权债务或已将债权债务清算完结的非上市股份有限公司、各类企业分支机构,适用企业简易注销登记程序。目前,通过相关改革工作的稳步推进,一般正常企业办理注销时间可节省1/3以上。据相关数据显示,注销企业数量也较改革前有所增长。2014年至2018年,年度注销企业数分别为50.59万户、78.84万户、97.46万户、124.35万户和181.35万户。2018年新设企业与注销企业的数量比为3.69:1,整个市场"新陈代谢"率保持在一个正常水平。

五、创业企业区域结构差异明显

东部地区仍是新登记企业、实有企业数量最多的地区。2018 年，全国新设企业 670.01 万户，以四大区域划分，2018 年全国新登记企业在东部、中部、西部、东北地区分别为 373.54 万户、136.55 万户、126.25 万户、33.67 万户，占比分别为 55.8%、20.4%、18.8%、5.0%。东部地区的新登记企业占据半壁江山。截至 2018 年底，东部、中部、西部、东北地区实有企业数量分别为 2022.94 万户、618.20 万户、652.85 万户、180.22 万户，分别增长 14.0%、18.7%、12.9%、12.5%。

（单位：万户）

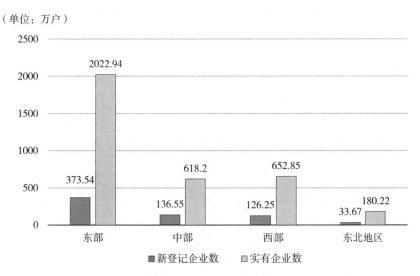

图 4-2　2018 年企业新登记户数、实有户数区域分布

中部地区成为新登记企业增长最快的地区，而东北地区增速明显放缓。2018 年东部、中部、西部、东北地区新登记企业同比增速为 8.0%、17.8%、9.6%、5.6%。中部、西部地区成为新登记企业增长最快的两个地区。其中，东北地区新登企业增长速度明显放缓，比上年下降了 9.95 个百分点。

广东、江苏、山东、浙江、河南等省份企业发展迅猛。2018 年全国新设企业排在前五位的省份分别是广东、江苏、山东、浙江、河南，新登记企业分别为97.80万户、54.96万户、54.51万户、43.64万户、34.31万户。增速排在前五位的省份为：海南、陕西、安徽、江西、四川，增速分别为：41.3%、33.2%、27.3%、17.8%、17.5%。但是，整体增速不如2017年强劲。增速排在后五位的省（市）为：内蒙古、贵州、北京、宁夏、新疆，增速分别为−0.23%、−5.14%、−5.46%、−6.99%、−26.83%。增速呈现负增长的省（市）有6个，比2017年减少3个。截至2018年底，全国实有企业排在前五位的省（市）分别为：广东、江苏、山东、浙江、上海，实有企业分别达到492.10万户、321.16万户、261.13万户、225.85万户、207.07万户。增速排在前五位的省份为陕西、海南、安徽、西藏、河南，增速分别为23.7%、22.4%、22.4%、20.4%、19.8%。增速排在后五位的省（市）为：上海、重庆、北京、云南、新疆，增速分别为10.1%、9.8%、6.7%、6.1%、3.3%。

表4-4　各省实有、新登记企业情况　　　（单位：户）

项目	期末实有企业		新登记企业	
	2018年底	2017年底	2018年	2017年
合　计	34742024	30337265	6700108	6073725
北　京	1654540	1550558	183405	193994
天　津	539323	478792	99499	97794
河　北	1477237	1244613	314685	284194
山　西	620379	523960	121506	104431
内蒙古	420038	375336	76407	76581
辽　宁	907160	810075	168225	159193
吉　林	437568	383431	79958	78097
黑龙江	457422	408909	88539	82030

项目	期末实有企业		新登记企业	
	2018 年底	2017 年底	2018 年	2017 年
上　海	2070686	1881175	328428	293169
江　苏	3211573	2899550	549588	550196
浙　江	2258522	1961741	436423	379145
安　徽	1235302	1009381	294567	231531
福　建	1237357	1063707	243501	215240
江　西	722251	616141	177612	150721
山　东	2612659	2258525	545116	485354
河　南	1541770	1287012	343146	298738
湖　北	1227129	1059745	247181	212892
湖　南	835156	711793	181501	160960
广　东	4920976	4201688	977971	904093
广　西	752145	670224	125246	108969
海　南	246546	201375	56766	40172
重　庆	805010	733309	135547	118648
四　川	1415405	1236215	305021	259590
贵　州	631585	555466	121243	127811
云　南	648669	611240	118948	114706
西　藏	65656	54549	13844	13583
陕　西	820309	663394	203898	153053
甘　肃	382693	333056	67405	63637
青　海	93170	84092	16537	16375
宁　夏	160680	145777	28502	30643
新　疆	333108	322436	49893	68185

第三节　个体工商户和农民专业合作社

个体工商户和农民专业合作社是创业主体的重要组成部分。2018 年,个体工商户户数较 2017 年稳步增长,占新登记市场主体的 67.8%。新登记农民专业合作社 23.12 万户,同比下降 16.7%,其占新登记市场主体的份额为 1.1%,比 2017 年下降 0.36 个百分点。

一、个体工商户数量稳步增长

新登记个体工商户稳步增长但增速有所下降。2018 年全国新登记个体工商户 1456.4 万户,增长 12.9%,较 2017 年 20.7% 的增速有所下降,但较 2016 年 5.7% 的增速仍有所提升。

实有个体工商户较快增长。截至 2018 年底,全国实有个体工商户 7328.6 万户,同比增长 11.4%,占全国实有市场主体的 66.5%。2018 年新登记个体工商户约占实有个体工商户的五分之一。

表 4-5　2016—2018 年个体工商户情况　　　　　　　　（单位:万户）

	新设企业	同比增长	实有企业数	同比增长
2016	1069	5.73%	5930	9.65%
2017	1289.8	20.7%	6579.4	10.95%
2018	1456.4	12.9%	7328.6	11.4%

二、个体工商户行业结构更趋分化

九成新登记个体工商户、实有个体工商户集中在第三产业。2018 年,三产新登记数分别占新登记个体工商户户数的 3.3%、5.3%、91.3%。第一、二产业占比略比 2017 年有所下降,第三产业有所上升。可见,从事第三产业的新登记个体工商户具有较明显的优势。其中,有五成的新登记主体从事批发和零售行业,其比例较2017年略有提升。截至2018年年底,全国实有个体工商户分产业来看,第一、二、三产业实有个体工商户分别为224.38万户、493.50万户、6610.70万户,分别增长20.2%、10.5%、11.2%。三次产业实有个体工商户数占全国实有个体工商户户数的比重分别为3.1%、6.7%、90.2%,形成了绝大多数个体工商户从事第三产业的市场主体格局。

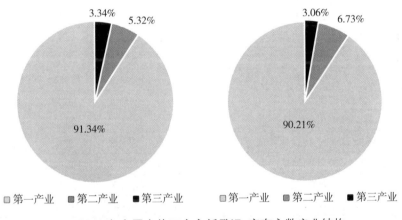

图4-3 2018年全国个体工商户新登记、实有户数产业结构

第二产业新登记个体工商户户数增长放缓最大。2018年全国新登记个体工商户分产业来看,第一、二、三产业分别新登记个体工商户48.65万户、77.43万户、1330.37万户,分别增长4.6%、2.6%、13.9%,增速比2017年分别下降12、23.48、6.6个百分点。

水利、环境和公共设施管理业新登个体工商户增速上千。2018年新登记个体工商户户数增速最快的行业是水利、环境和公共设施管理业,增速达到1444.6%。其次为租赁和商务服务业,电力、热力、燃气及水生产和供应业,建筑业,增速分别为72.3%、33.0%、32.4%。

表 4-6 实有个体工商户、新登记个体工商户行业分布情况

行业分类	实有个体工商户		新登记个体工商户	
	2017 年（户）	2018 年（户）	2017 年（户）	2018 年（户）
农林牧渔	1991147	2243833	486540	486500
采矿业	30347	28042	2626	2054
制造业	4229163	4578708	684349	673986
电力、热力、燃气及水生产和供应业	20494	25235	4486	5967
建筑业	230284	302991	69720	92294
批发和零售业	39988816	43121406	6549362	7406752
交通运输、仓储和邮政业	1914189	2505464	606219	788070
住宿和餐饮业	8199138	9775078	2504714	2747443
信息传输、软件和信息技术服务业	355319	382391	71526	92200
金融业	5494	6559	1375	1486
房地产业	98125	119888	28649	34821
租赁和商务服务业	1081229	1445740	282581	486944
科学研究和技术服务业	184447	137667	23387	27197
水利、环境和公共设施管理业	15126	288598	2301	35541
居民服务、修理和其他服务业	6757122	7320360	1431488	1518111
教育	58953	90703	22252	20966
卫生和社会工作	160933	181612	29723	34984
文化、体育和娱乐业	352450	403006	83902	93712
其他	120967	328501	12698	15468

三、个体工商户区域分布差异明显

东部仍然是个体工商户最多的地区。从新登记个体工商户看，2018 年新增数量依次排序是东部、西部、中部、东北地区，分别为 601.47 万户、399.88 万户、342.80 万户、112.30 万户，占比分别为 41.3%、27.5%、23.5%、7.7%。从实有个体工商户看，东部、西部、中部、东北地区分别为 3120.41 万户、1881.20 万户、1736.66 万户、590.31 万户，占比分别为 42.6%、25.7%、23.7%、8.1%。东部、中

部、西部、东北地区实有个体工商户增速分别为 11.3%、11.7%、12.9%、7.0%。

中部成为个体工商户增长最快的地区。2018 年东部、西部、中部、东北地区新登记个体工商户增速分别为 14.1%、12.2%、14.6%、4.9%，中部地区成为个体工商户增长最快的地区。然而，西部新登记个体工商户增速急速放缓。2017 年西部是个体工商户增长最快的地区，增速为 31.1%，2018 年较 2017 年增速放缓 18.92 个百分点。

表 4-7　四大地区个体工商户情况　　　　　（单位：户）

	实有数		新登记数	
	2018 年底	2017 年底	2018 年	2017 年
东部地区	31204098	28045044	6014732	5272989
中部地区	17366626	15386107	3427962	2990063
西部地区	18811960	16845544	3998826	3564751
东北地区	5903098	5517048	1122976	1070095

省（市）间个体工商户发展虽然差异较大但有所收窄。从各省新登记个体工商户来看，2018 年新登记个体工商户最多的五个省为广东、山东、江苏、河南、四川，分别为 131.56 万户、111.92 万户、109.54 万户、95.35 万户、73.39 万户。最少的五个省（市）为宁夏、上海、青海、西藏、北京，分别为 7.75 万户、7.00 万户、5.97 万户、5.20 万户、1.61 万户。2018 年新登记个体工商户同比增长率最高为 80.4%，最低为 -10.9%。同比增长的有 24 个省，同比下降的有 7 个省。这种差异较 2017 年有所收窄。增速排在前五位的省（市）为陕西、福建、西藏、广东、河南，增速分别为 80.4%、37.4%、31.9%、26.4%、21.0%。排在后五位的省（市）为吉林、北京、内蒙古、天津、青海，增速分别为 -5.17%、-5.50%、-7.03%、-7.78%、-10.9%。从各省实有个体工商户来看，截至 2018 年年底实有个体工商户最多的

五个省为广东、山东、江苏、浙江、四川,分别为 600. 96 万户、561. 81
万户、510. 44 万户、389. 65 万户、362. 36 万户。最少的五个省(市)
为上海、海南、宁夏、青海、西藏,分别为 44. 70 万户、44. 67 万户、
37. 94 万户、27. 57 万户、16. 53 万户。实有个体工商户同比增长率
最高为 32. 2%,最低为−9. 86%。增速排在前五位的省(市)为陕西、
西藏、福建、河南、湖南,增速分别为 32. 2%、21. 1%、18. 1%、16. 8%、
16. 03%。排在后五位的省(市)为江西、上海、内蒙古、甘肃、北京,增
速分别为 5. 6%、5. 6%、46%、3. 4%、−9. 9%。

表 4−8　各省个体工商户实有、新登记情况　　　　(单位:户)

项目	个体工商户实有		个体工商户新登记	
	2018 年底	2017 年底	2018 年	2017 年
合　计	73285782	65793743	14564496	12897898
北　京	488966	542445	16050	16985
天　津	564344	492422	120841	131038
河　北	3786320	3337752	805252	782935
山　西	1630195	1467583	312075	271291
内蒙古	1466860	1402958	262419	282269
辽　宁	2465045	2305116	486413	460617
吉　林	1727728	1610101	289637	305431
黑龙江	1710325	1601831	346926	304047
上　海	472124	446993	70042	60628
江　苏	5900999	5104365	1095448	990495
浙　江	4226281	3896468	742121	707821
安　徽	3115351	2715364	547907	460060
福　建	2540251	2150236	643989	468786
江　西	1792438	1696942	386928	334004
山　东	6240137	5618066	1119207	990732
河　南	4185557	3584621	953517	787764

项目	个体工商户实有		个体工商户新登记	
	2018 年底	2017 年底	2018 年	2017 年
湖　北	3661631	3352140	631188	633300
湖　南	2981454	2569457	596347	503644
广　东	6493564	6009635	1315566	1040952
广　西	1916401	1688950	406665	354283
海　南	491112	446662	86216	82617
重　庆	1686236	1576459	272545	264050
四　川	4094466	3623582	733851	744923
贵　州	1958054	1848583	553766	500068
云　南	2248242	2077273	456738	452050
西　藏	200207	165286	51971	39411
陕　西	2151753	1628170	692824	384107
甘　肃	1107386	1071243	169527	172880
青　海	307642	275676	59690	66995
宁　夏	413196	379378	77538	65805
新　疆	1261517	1107986	261292	237910

四、农民专业合作社数量加速下滑

2018 年新登记农民专业合作社 23.1 万户,同比下降 16.8%,下降速度较 2017 年更快。东部、中部、西部和东北地区新登记农民专业合作社分别为 4.04 万户、7.96 万户、9.08 万户、2.03 万户。截至 2018 年年底,全国实有农民专业合作社 217.26 万户,占全国实有市场主体的 2.0%,同比增长 7.7%,比 2017 年下降 4.77 个百分点。东部、中部、西部和东北地区实有农民专业合作社分别为 61.89 万户、64.68 万户、65.37 万户、25.32 万户。

表 4-9　2016—2018 年农民专业合作社发展情况

年份	新登记户数 （万户）	同比 （％）	实有户数 （万户）	同比 （％）
2016	29.6	19.0	179.4	17.6
2017	27.77	-6.2	201.72	12.5
2018	23.1	-16.8	217.3	7.73

第四节　创业群体

2018 年,社会主要创业群体继续保持稳步增长的态势,青年创业者和大学生创业者规模持续扩大。留学归国创业势头不减,农民工返乡创业队伍不断发展壮大,创业内容更丰富,创业水平和能力有所提升。

一、大学生勇于创业态势基本形成

青年创业者规模持续扩大,大学生创业人数稳步增长。2018 年在各级市场监督管理部门首次登记注册的市场主体中,16—35 岁青年创业者为 758.0 万人,比上年增加 41.9 万人,增长 5.8%。其中 16—30 岁创业者 429.4 万人,比上年增加 19.2 万人,增长 4.7%;大学生创业者 67.9 万人,比上年增加 3.5 万人,增长 5.4%。

自 2014 年创业引领计划实施以来,大学生创业规模逐年递增已持续五年。2014—2018 年,新登记注册的大学生创业者总人数达 297.5 万人,2018 年比 2014 年累计增长 42.2%,五年年均增长 9.2%（见表 4-10）。

表 4-10　2017—2018 年青年创业者和大学生创业者人数变化

类　别	2017 年			2018 年		
	当年首次创业人数	占比	增长率	当年首次创业人数	占比	增长率
青年创业者	7161186	—	8.2%	7580099	—	5.8%
其中:16—30 岁创业者	4101751	57.3%	6.6%	4293855	56.6%	4.7%
大学生创业者	644532	15.7%	4.8%	679299	15.8%	5.4%
同龄其他创业者	3457219	84.3%	7.0%	3614556	84.2%	4.6%

大学生创业集中在批发和零售业、租赁和商务服务业、住宿和餐饮业等社会服务行业。分产业看,大学生创办的企业中第一、二、三产业人数分别为 1.0 万、5.1 万、61.9 万,分别占 1.4%、7.5% 和 91.1%。与上年相比,第一产业大学生创业人数下降了 14.2%,第二、三产业创业人数分别增长了 0.6%、6.2%。分行业看,六成以上大学生创业集中在批发和零售业(37.1%)、租赁和商务服务业(13.2%)、住宿和餐饮业(10.1%)三大行业。除此之外,大学生创业人数较多的行业还有:科学研究和技术服务业(8.0%),信息传输、软件和信息技术服务业(7.2%),居民服务、修理和其他服务业(5.6%),文化、体育和娱乐业(5.5%)。相比 2017 年,批发和零售业、租赁和商务服务业、住宿和餐饮业的创业人数分别增长了 3.0%、2.6% 和 5.0%,与之相比,公共管理、社会保障和社会组织,卫生和社会工作,水利、环境和公共设施管理业,文化、体育和娱乐业、科学研究和技术服务业,信息传输、软件和信息技术服务业等行业创业大学生人数的增长幅度较大,分别为 105.3%、68.5%、39.9%、31.2%、14.1%、9.4%(见表 4-11)。

表 4-11   2018 年分行业大学生创业者人数分布

行　　业	2017 年		2018 年		增长率
	当年首次创业人数	占比	当年首次创业人数	占比	
合计	644532	100.0%	679299	100.0%	5.4%
第一产业	11413	1.8%	9792	1.4%	−14.2%
农、林、牧、渔业	11413	1.8%	9792	1.4%	−14.2%
第二产业	50467	7.8%	50748	7.5%	0.6%
采矿业	169	0.0%	182	0.0%	7.7%
制造业	24733	3.8%	23496	3.5%	−5.0%
电力、热力、燃气及水生产和供应业	854	0.1%	628	0.1%	−26.5%
建筑业	24711	3.8%	26442	3.9%	7.0%
第三产业	582652	90.4%	618759	91.1%	6.2%
批发和零售业	244782	38.0%	252100	37.1%	3.0%
交通运输、仓储和邮政业	7716	1.2%	7853	1.2%	1.8%
住宿和餐饮业	65108	10.1%	68382	10.1%	5.0%
信息传输、软件和信息技术服务业	44740	6.9%	48950	7.2%	9.4%
金融业	1466	0.2%	1264	0.2%	−13.8%
房地产业	9192	1.4%	9912	1.5%	7.8%
租赁和商务服务业	87066	13.5%	89343	13.2%	2.6%
科学研究和技术服务业	47705	7.4%	54425	8.0%	14.1%
水利、环境和公共设施管理业	1065	0.2%	1794	0.3%	68.5%
居民服务、修理和其他服务业	37316	5.8%	38324	5.6%	2.7%
教育	6926	1.1%	7764	1.1%	12.1%
卫生和社会工作	979	0.2%	1370	0.2%	39.9%
文化、体育和娱乐业	28226	4.4%	37029	5.5%	31.2%
公共管理、社会保障和社会组织	19	0.0%	39	0.0%	105.3%
国际组织	16	0.0%	5	0.0%	−68.8%
其他	330	0.1%	205	0.0%	−37.9%

创办私营公司和从事个体经营是大学生创业的主要形式。从创业形式看,2018 年首次创业的大学生中,创办私营公司(35.5 万人,占比 52.3%)和从事个体经营(30.5 万人,占比 45.0%)的占据主体,两者合计占比达 97.3%,此外,创办个人独资企业、合伙企业的创业大学生分别为 0.9 万人、1.0 万人,各占 1.3%、1.5%。与上年相比,私营公司、个人独资企业、从事个体经营创业大学生分别增长 3.5%、71.3% 和 7.1%,合伙企业下降了 9.2%。过去五年间,创办合伙企业的大学生人数增速最快,年均增长 24.1%(见表 4-12)。

表 4-12　2017—2018 年不同组织形式大学生创业者人数

类　别	2017 年			2018 年		
	当年首次创业人数	占比	增长率	当年首次创业人数	占比	增长率
私营公司	343254	53.3%	4.3%	355299	52.3%	3.5%
个人独资企业	4990	0.8%	−25.4%	8546	1.3%	71.3%
合伙企业	11086	1.7%	2.6%	10064	1.5%	−9.2%
个　体	285202	44.2%	6.2%	305390	45.0%	7.1%
合　计	644532	100.0%	4.8%	679299	100.0%	5.4%

东部地区最受大学生创业者青睐。2018 年首次创业的大学生中,登记注册地在东北、东部、中部、西部地区的分别为 3.3 万人、32.1 万人、15.1 万人和 17.4 万人,分别占 4.9%、47.2%、22.3% 和 25.6%。与上年相比,东北地区的创业大学生人数下降了 6.2%,东部、中部、西部地区的创业大学生人数分别增长了 7.6%、5.1% 和 4.1%。与 2014 年相比,东北、东部、中部、西部地区的创业大学生人数分别增长 38.3%、39.6%、42.6% 和 47.9%,五年年均增长 8.4%、8.7%、9.3% 和 10.3%。大学生创业活动受经济发展的影响较大,区域差异明显(见表 4-13)。

表 4-13　2017—2018 年分登记注册地大学生创业者人数变化

地　　区	2017 年		2018 年			
	当年首次创业人数	占比	当年首次创业人数	占比	较2017年增幅	较2014年增幅
东北	35229	5.5%	33045	4.9%	−6.2%	38.3%
辽宁省	16079	2.5%	15411	2.3%	−4.2%	78.7%
吉林省	9238	1.4%	8577	1.3%	−7.2%	22.1%
黑龙江省	9912	1.5%	9057	1.3%	−8.6%	9.9%
东部	298002	46.2%	320724	47.2%	7.6%	39.6%
北京市	13019	2.0%	11115	1.6%	−14.6%	−29.7%
天津市	6758	1.0%	7171	1.1%	6.1%	21.0%
河北省	23486	3.6%	24431	3.6%	4.0%	35.7%
上海市	13011	2.0%	19299	2.8%	48.3%	−0.2%
江苏省	51988	8.1%	54611	8.0%	5.0%	46.0%
浙江省	44838	7.0%	49315	7.3%	10.0%	42.6%
福建省	25973	4.0%	28035	4.1%	7.9%	51.6%
山东省	43965	6.8%	49845	7.3%	13.4%	37.8%
广东省	68836	10.7%	70371	10.4%	2.2%	79.2%
海南省	6128	1.0%	6531	1.0%	6.6%	35.9%
中部	144147	22.4%	151480	22.3%	5.1%	42.6%
山西省	14092	2.2%	15122	2.2%	7.3%	53.7%
安徽省	26526	4.1%	32553	4.8%	22.7%	84.5%
江西省	17000	2.6%	17616	2.6%	3.6%	35.7%
河南省	38957	6.0%	40051	5.9%	2.8%	14.4%
湖北省	27849	4.3%	26839	4.0%	−3.6%	27.1%
湖南省	19723	3.1%	19299	2.8%	−2.1%	100.2%
西部	167154	25.9%	174050	25.6%	4.1%	47.9%
内蒙古自治区	13490	2.1%	11886	1.7%	−11.9%	−3.0%
广西壮族自治区	13904	2.2%	14512	2.1%	4.4%	33.0%
重庆市	13887	2.2%	15075	2.2%	8.6%	30.5%
四川省	47891	7.4%	44910	6.6%	−6.2%	55.1%
贵州省	14353	2.2%	15347	2.3%	6.9%	84.9%
云南省	20271	3.1%	19377	2.9%	−4.4%	22.2%
西藏自治区	1011	0.2%	1492	0.2%	47.6%	205.1%

地 区	2017 年		2018 年			
	当年首次 创业人数	占比	当年首次 创业人数	占比	较 2017 年 增幅	较 2014 年 增幅
陕西省	18880	2.9%	28390	4.2%	50.4%	124.1%
甘肃省	9777	1.5%	10151	1.5%	3.8%	62.5%
青海省	2270	0.4%	2258	0.3%	−0.5%	46.2%
宁夏回族自治区	3934	0.6%	3856	0.6%	−2.0%	18.8%
新疆维吾尔自治区	7486	1.2%	6796	1.0%	−9.2%	21.0%
合计	644532	100.0%	679299	100.0%	5.4%	42.2%

二、留学人员回国创业趋势明显

人力资源社会保障部等部门认真落实党中央、国务院部署,通过完善政策、加强服务、实施人才工程等措施,不断优化留学回国人员创业创新环境,吸引更多优秀留学人才投身创业创新,更好服务经济社会发展大局。积极支持各地开展广州海交会、大连海创周、山东海洽会、南京留交会等留学人才项目交流活动,搭建留学人才回国创新创业的桥梁。各地留学人员创业园聚焦地方产业优势,发挥留学人员创新创业特长,成为人才密集、以科技创新带动地方产业发展升级的重要平台,一大批留学人员高新科技企业在园区内实现产业化,成功迈向国内乃至国际产业前沿和市场高端。从 1978 年至 2018 年底,我国留学回国人员总数达 365.14 万人,其中 2018 年为 51.94 万人,比 2017 年增加约 3.85 万人,增长 8%。

三、农民工返乡创业活动蓬勃发展

进一步支持返乡下乡创业的新措施。一是加大政策支持。将首次创办小微企业或从事个体经营、正常经营 1 年以上的符合条件返乡创业农民工试点纳入一次性创业补贴支持范围。二是强化融资服务和场地扶持。完善创业担保政策,将"政府+银行+保险"融资模式推广到返乡下乡创业企业,依托国家开发银行、中国农业发展银行设立返乡创业专项贷款,着力缓解返乡创业融资难融资贵问题。村庄建设用地指标优先用于返乡下乡创业。三是加强培训服务。在农村社区推广政务服务网上办理、全程帮办。实施返乡下乡创业培训专项行动。四是实施引才回乡工程。通过能人、带头人返乡创业形成人才回归、技术回乡、资金回流的联动效应。五是建立创业风险防范机制。坚持问题导向,聚焦关键风险点,切实强化防控保障机制。

降低农民工返乡创业的门槛。为优化返乡创业政务环境,市场监管总局等部门在乡村地区加大工作力度,深入推进"放管服"改革,深化商事制度改革,推进"证照分离""多证合一",着力解决"准入不准营"难题;简并工商、税务、社保等流程,进一步压缩企业开办时间;推行跨部门联合检查,"进一次门,查多项事",降低企业制度性交易成本。国家知识产权局不断推动完善知识产权相关法律法规和政策体系,优化审查流程,加强商标、专利行政保护,致力于维护返乡创业权利人的合法权益。司法部、民政部推动制定社会组织登记管理条例,推动社会组织在返乡创业活动中发挥更大作用。国土资源部以农民工工作督查为契机,对农民工返乡创业用地服务保障等问题进行督查调研,着力缓解用地难题。

提升农民工返乡创业的能力。一是扎实开展创业培训。2018年5月出台的《国务院关于推行终身职业技能培训制度的意见》(国发〔2018〕11号)明确提出,以返乡下乡创业人员等群体为重点,开展创业意识教育、创新素质培养、创业项目指导、开业指导、企业经营管理等培训,提升创业创新能力。人社部牵头制定实施了返乡创业培训五年(2015—2019年)行动计划,2018年政府补贴返乡农民工创业培训67万人次。此外,发展改革委等部门会同电商平台企业开展了电商培训,农业农村部启动实施农村创业创新"百县千乡万名带头人"培育工作和百万人才培训行动,教育部开展了"农民工学历与能力提升计划",也收到了较好的效果。二是全面加强创业服务。人社部依托各级公共就业创业服务机构和基层平台,向创业者提供政策咨询、开业指导、项目推介等基本服务,2018 年共计提供各类创业服务 390 万人次。同时,指导各地组建创业导师团,采取结对帮扶、定期巡回辅导等方式,深入乡村指导帮扶。另外,还积极推动地方加强创业服务载体建设。截至 2018 年上半年,各地人社部门主导建设的农民工返乡创业孵化基地达到 1073 家。农业农村部实施动态跟踪的全国农村创业创新园区(基地)已达到 1096 个。

据人社部开展的 2000 个行政村农村劳动力监测显示,2018 年四季度末,返乡农民工中有 9.1%选择了创业。当前,返乡创业的蓬勃发展,为促进农村经济繁荣发展,促进农民工创业增收,带动农村富余劳动力就地就近转移就业发挥了重要作用。

第五章 创新创业成效

2018年,创新创业在推动经济高质量发展、加快新旧动能转换方面的作用不断增强,助推培育壮大新动能,助力满足社会新需求,加速区域经济转型,推动企业竞争力创新力提升,有力支撑经济持续健康发展和社会大局稳定。

第一节 创新创业培育壮大新动能

伴随新型基础设施的快速建设,我国正掀起新一轮创新创业热潮,信息技术向实体经济渗透范围更广、融合程度更深,前沿技术加快形成群体性突破,新动能持续壮大正成为推动我国经济高质量发展的关键动力。

一、创新创业构筑高速网络新基础

物联网进入规模化发展阶段。我国物联网产业保持高速增长,2018年总体规模超过1.2万亿,仅通过公众信息网络接入的设备数量已达7.6亿台(个),NB-IoT已初步完成网络建设,相关应用将进一步实现规模推进。我国物联网产业外部动力和内生动力不断增强,互联网企业、传统行业企业、设备商、电信运营商全面布局物联网,物联网平台迅速增长,服务支撑能力迅速提升,产业生态初具雏形;区块链、边缘计算、人工智能等新技术题材不断注入物联网,为物联网带来新的创新活力;应用场景迎来大范围拓展,智慧政务、智慧产业、智慧家庭、个人信息化等方面产生大量创新性应用方案,物联网技术和方案在各行业不断渗透,推动物联网进入跨界融合、规模化发展新阶段。

工业互联网平台加速建设。我国有一定行业影响力的工业互联网平台超过 50 家,部分平台工业设备连接数量超过 10 万套,涌现出一批创新工业 APP 并实现商业化应用,在质量优化、工艺优化、设备预测性维护、供应链协同等方面形成一系列创新应用,取得初步成效。我国工业互联网平台在实践中形成了从生产端、产品端、平台端切入的三大路径,实现了通过集成生产系统获取数据,提升生产效率与产品质量、为智能产品提供智能增值服务,拓展价值空间、网络协同制造、管理决策优化、大规模个性化定制、远程运维服务等新模式新业态蓬勃发展。

云计算向各行业应用普及。我国云计算的应用正从互联网行业向政府、金融、工业、交通、物流、医疗健康等传统行业渗透,各大云计算厂商纷纷进军行业云市场。政务云市场方面,包括中国电信、中国联通等基础电信企业,浪潮、曙光、华为等 IT 企业,以及腾讯、阿里、京东、数梦工场等互联网企业均在政务云市场重点发力。金融云市场方面,兴业数金、融联易云、招银云创、建信金融、民生科技等银行科技公司在银行云方面发力。工业云市场方面,海尔、中国移动物联网公司、阿里云、浪潮等产业链各环节厂商纷纷搭建特色工业云平台。各行业市场正逐渐形成一批在行业发展中具有引领作用的高信用标杆企业。

大数据应用场景不断拓展。据测算,2018 年我国大数据产业增速约为 15%,产值达 5405 亿元,随着信息技术和人类生产生活产生交汇融合,大数据在各行业的融合应用不断深化拓展。工业互联网、分享经济、网络零售、移动支付的快速发展为大数据的发展提供了重要应用场景。当前,大数据融合应用主要集中在金融、政务、电信、能源、互联网等行业,利用大数据可以对实体经济各行业进行市场需求分析、生产流程优化、供应链与物流管理、能源管理、智能客服服务等。在改善民生方面,大数据在流行病预测、个性化医疗、智能交通、治安治理等更广泛的应用场景中取得突出成绩。随着融合程度加深和市场潜力不断被挖掘,将催生更多新型大数据应用场景。

二、创新创业引发融合渗透新变革

短视频掀起数字内容发展新浪潮。短视频凭借其时效短、传播性强、观看门槛低等优势,成为移动互联网数字内容的新高地,大量用户选择短视频作为碎片化时间的娱乐消遣方式。2018 年,短视频用户使用时长在移动互联网总使用时长占比超 10%,仅次于即时通信。各大平台全面发力短视频业务,"抖音"挖掘年轻人关注的热点,具有浓厚的创意性及表演属性,"快手"主打草根用户,让每个用户都有表达自己对生活态度的机会,腾讯"微视"、阿里"鹿刻"主打生活消费。当前,短视频已然成为人们表达习惯和生活态度的一种新方式。

智能零售颠覆行业提升效率。智能零售通过新技术对生产、流通、销售各环节进行改造,提升供应链运转效率,帮助商家降低成本、提升利润。一方面,优化库存管理,以数据驱动提升管理水平,基于消费者数据分析实现精准订货、精准营销优化库存,提升存货周转率。另一方面,实现物流突破,通过搭建智能仓储和配送系统,实现高度自动化的拣货、送货,持续提升物流平台的效率。目前各大巨头已实现一站式全渠道仓配服务,实现 B2B、B2C、C2B 同仓管理、共享库存。同时,配送体系的重构以及新的消费场景,激发了先进 IT 设备的需求,如人脸识别、无人机、虚拟现实(VR)等新技术应用。

共享经济新模式层出不穷。我国共享经济实现了跨越式发展，成为近年来市场规模增长最快的新兴领域之一，正从交通出行、住房共享等先发领域逐渐向生产制造共享、知识技能共享等更广阔的范围拓展。在交通出行、住房共享等行业领域，我国处于全球创新领先地位，企业加速布局海外市场，引领全球共享经济模式创新。在生产制造领域，生产能力共享通过互联网平台将农业生产、工业制造、物流运输等生产领域相关分散资源进行整合、开放与对接，提高生产资料利用效率的同时帮助小微企业降低了生产成本。

三、创新创业助力前沿技术新飞跃

区块链商业化应用加速落地。继以数字货币为代表的区块链1.0之后，区块链2.0所加入的智能合约等相关技术基础已具备承载部分垂直行业应用及通用应用开发的能力。区块链技术正在走向融合，区块链产业逐渐走向细分，分为底层基础设施及平台开发、技术扩展及通用型服务、行业应用、产业周边服务四类。我国的区块链企业共298家，数量仅次于美国，截至2018年6月我国区块链企业数量排名前五的城市为北京、上海、深圳、杭州、广州。随着BAT、传统企业、大量创业公司等争相进入市场，区块链加速革新升级，与云计算、大数据等前沿技术深度融合、集成创新，将促进区块链技术在医疗、司法、工业、媒体、游戏等各个细分领域的商业探索应用。

人工智能生态逐步完善。随着计算机视觉、自然语音处理、人机交互等技术日趋成熟，部分技术进入产业化阶段，人工智能行业生态链初步成型，加速在广告、媒体、医疗、制造等传统领域渗透融合，催生出多种创新应用场景。我国人工智能产业生态偏重于框架层和应用层，尤其是应用层软件技术和平台发展快速。对各领域的渗透形成"人工智能+"行业应用终端、系统及配套软件，再切入各种场景，为用户提供个性化、精准化、智能化服务，深度赋能医疗、交通、金融、零售、教育、家居、农业、制造、网络安全、人力资源、安防等领域。

虚拟现实发力内容应用。虚拟现实产业链条长，参与主体多，主要分为内容应用、终端器件、网络平台和内容生产。虚拟现实内容应用主要聚焦文化娱乐、教育培训、工业生产、医疗健康和商贸创意领域，呈现出"虚拟现实+"大众与行业应用融合创新特点。文化娱乐在企业数量上占据主导，培训类的内容企业成为行业应用中的主要力量，房地产、营销、时装等成为商贸创意主要方向，工业、医疗解决方案以教学、训练为主。未来，内容跨平台将助推产业生态加速成形。2018年，我国获得风险投资的虚拟现实企业数量为44家，融资金额达30余亿元，资本聚焦在有核心技术的企业。

量子通信技术实用化稳步推进。量子计算技术具有经典计算无法比拟的巨大信息携带和超强并行处理能力，所带来的算力飞跃可能成为未来科技加速演进的"催化剂"，其发展与应用对在基础科研、新型材料与医药研发、信息安全与人工智能等经济社会的诸多领域产生颠覆性影响。当前，我国在量子计算基础理论、物理实现体系、软件算法等领域均有研究布局，中国科学技术大学、清华大学、浙江大学等研究机构近年来取得一系列具有国际先进水平的研究成果，为我国量子计算发展奠定了坚实基础。阿里巴巴、腾讯、百度和华为等科技公司也纷纷布局和投资量子计算领域，阿里与中科大联合发布量子计算云平台，华为宣布由量子计算模拟器和编程框架组成的云平台。

第二节 创新创业助力满足社会新需求

创新创业与经济社会发展深度融合，助推传统产业转型升级和新旧动能转换,数字经济和实体经济互促发展,"互联网+"拓展城乡居民消费领域,有效助力满足社会新需求。

一、创新创业助推传统产业转型升级

结构调整和技术创新助推产业迈向中高端。传统汽车企业尤其是上汽、北汽、东风等龙头企业纷纷布局新能源、智能网联等领域,比亚迪、吉利、蔚来等新兴车企也致力于相关领域新技术研发,助推我国汽车产业转型升级。黑龙江省大力实施"千户科技型企业三年行动计划",促进科技人员创新创业,以"油头化尾""煤头电尾""煤头化尾"为抓手,鼓励煤电油等传统行业在低碳绿色领域进行新技术研发和新产业培育。内蒙古自治区先后建设世界级乳业研发中心、全国乳业标准创新中心,支持伊利、蒙牛两大龙头企业发展,开工建设低温乳制品等项目,推动区域乳业综合创新能力大幅提升。西安杨凌职业农民创业创新园区推进"区校一体、融合发展"战略,与西北农林等高校建立融合发展机制,把政府组织优势和大学创新优势有效结合,开展新品种、新技术试验,共同攻克农业发展关键技术,促进区域农业转型发展。

"互联网+"助推基础设施互联互通及行业提质增效。贵州货车帮依托互联网技术手段开展物流园区平台增值服务,利用全国性车货匹配平台拓展物流生态链,开发运费保、放空赔付保险等系列创新产品,集聚了产业链各环节企业共同发展,促进了物流行业创新发展。辽宁沈阳电商基地形成以电子商务总部经济为主导、以互联网技术创新和传统行业应用为特色、以服务型企业为支撑的产业体系,为培育区域经济新动能提供了重要支持。黑龙江省以"粮头食尾""农头工尾"为抓手,依托"生态龙江""龙江大米网"等电商平台,鼓励农民利用互联网技术手段开辟创业增收新途径。

二、创新创业服务制造业数字化转型

制造业"双创"平台成为大中小企业融通发展的核心载体。围绕推动企业创新创业要素数字化、系统集成化、业务协同化,中国铝业、河南众品等建设面向企业内部和产业链上下游的创新创业要素汇聚平台,促进面向生产制造全过程、全产业链、产品全生命周期的信息交互和集成协作,提升大中小企业协作水平。围绕促进全社会研发、生产、孵化等创新创业资源在线化、市场化,首钢集团、TCL集团等发挥市场、品牌、渠道等优势,基于平台推动大企业创新创业要素资源与中小企业需求精准对接,降低中小企业创新创业门槛。大企业将"双创"平台建设重点从资源要素的数字化、在线化转向制造能力的开放、共享和协同,基于数据驱动、供需高效匹配的平台型、共享型制造模式正在形成,比如TCL集团通过孵化能力开放平台。

互联网、大数据、人工智能与制造业深度融合。越来越多的企业围绕制造业数字化、网络化、智能化发展,依托"双创"汇聚的产业资源、专业人才、风险投资等,竞相开展智能芯片、智能网联汽车、工业机器人、智能产品等领域的创业创新,如大疆无人机、小鹏汽车等致力于基于人工智能的无人驾驶技术产品研发。企业通过构建开放的物联网平台或云上平台,打破研究开发、产品研制、成品制造、市场销售的传统线性链式创新流程,形成要素整合、优势互补、研发协同的网络化创新范式。比如万向集团成立国家双创示范基地——Romax新能源汽车传动工程中心,搭建Romax电驱动研发基础平台;海尔集团启动"企业平台化、员工创客化、用户个性化"战略,构建开放的平台生态圈;格兰仕集团通过"G+智慧家居战略平台",搭建开放交互的统一平台和共同发展的生态圈,帮助更多家电企业完成智能化改造和升级;美的集团与阿里巴巴合作,构建基于阿里云的物联网开放平台,实现家电产品连接对话和远程控制。

三、创新创业拓展城乡居民消费领域

线上线下消费界限逐步融合。传统以货物为核心的销售方式转变为以消费者需求为中心的营销理念。在发现消费者需求、引领创造新需求过程中,企业注重运用"互联网+"挖掘用户需求,及时响应用户需求,实现线上线下大融合。根据国家统计局数据,2018年全国网上零售额90065亿元,同比增长23.9%。其中,实物商品网上零售额70198亿元,增长25.4%,占社会消费品零售总额的比重为18.4%,比上年提高3.4个百分点;非实物商品网上零售额19867亿元,增长18.7%。

通过组织管理及营销模式创新挖掘潜在需求。在化妆品行业,上海家化、百雀羚等老字号化妆品企业通过研发创新、精准营销赢回了口碑和市场。在工业消费品领域,美的、海尔、格力等企业利用新一代信息技术和智能技术开发智能家电新产品;青岛红领集团利用互联网技术实现服装柔性化生产;佛山唯尚集团采用数字化技术实现家具个性化定制。在服务业领域,线上线下深度融合推动了盒马鲜生、超级物种等"超市+餐饮"新业态发展。在农业领域,休闲农业、乡村旅游、民宿经济迅猛增长,农村电商带动区域特色农业快速发展。

第三节 创新创业加速区域经济转型发展

各地贯彻落实国家创新创业重大任务部署,创新创业生态体系建设取得明显成效,有效助推区域经济转型发展,主要体现在东中西部区域创新创业高地持续巩固,新兴产业高速集聚发展效应有效发挥,区域实体经济创新活力不断被激发。

一、创新创业推动区域新旧动能加快转换

创新创业成为强化创新驱动发展的关键抓手。北京市出台《关于大力推进大众创业万众创新的实施意见》，突出创新创业作为深入推进供给侧结构性改革，加快新旧动能接续转换，培育壮大经济发展新动力等战略落实的重要抓手，在深入探索优化营商环境、完善创新政府治理体系、强化政策配套支撑等一系列政策举措，取得了积极成效。据不完全统计，北京市创新创业服务机构超过 400 家，以中关村前沿技术创新中心为代表的高科技创新创业孵化器正在引领技术创新的新方向。四川省加快推进体制机制改革，在科技成果转化、科技金融创新、支持中小企业发展等方面，实施了若干项具体举措。推进 20 多家高校院所开展职务科技成果权属混合所有制改革试点，已完成 400 余项职务科技成果分割确权，作价入股创办企业近 60 家，带动社会投资近 30 亿元。设立创新创业投资引导基金、新兴产业投资引导基金、中小企业发展基金 57 支，财政出资 50 亿元，募集基金规模超过 633 亿元，以大企业带动小企业融资为特点的长虹集团应收账款融资服务模式发展迅速。

创新创业良好氛围进一步优化。广东省深化"放管服"和商事制度改革，全面推进省市县三级政府部门权责清单制度，取消省级行政审批事项 170 项，压减各级行政审批事项 50%，已全面实施企业"五证合一、一照一码"和个体工商户"两证整合"登记制度改革，营商环境显著改善。通过举办广东省中小企业赛飞创业辅导师培训研修班，设立创业创新专题培训项目，安排省财政资金支持免费为初创企业、创业基地高级管理人员、二次创业青年企业家开展培训，有效激发全社会"双创"热情。湖北省完善权力、责任、负面"三个清单"，缩短审批时限、提高审批效能，深入推进商事制度改革，激发新增市场主体活力。在融资方面，以破解创新创业融资难为重点，积极构建

起以政府资金为引导、金融机构和社会资本共同参与,满足各类创新创业主体融资需求的"全生命周期"金融服务体系。以考核机制为抓手,推动上市公司企业与行业龙头进一步加大创新投入,促进资本向重点战略新兴产业集聚。全省创新创业发展态势正由"涌现"向"激活"转变,武汉作为中心城市,正在向创新创业的"集成"阶段转变。

聚合全要素提升创新创业公共服务能力。上海市在科创中心建设"22 条"基础上,先后发布《关于本市发展众创空间推进大众创新创业的指导意见》等若干配套文件,加强政策宣传辅导,注重创新服务方式,持续释放政策红利。市税务局推进"税立方"税收服务机制,帮助纳税人享受高新技术企业低税率、研发费用加计扣除、科技成果转化等税收优惠政策。上海杨浦区推进各类科研院所和大中小科技型"双创"建设,形成了包括技术转化平台、关键技术研发平台、创新中心在内的 49 个"双创"重点项目。首期规模为 100 亿元的国家重大科技成果转化基金、20 亿元的上海"双创"孵化母基金成立后,累计吸引各类投资基金规模 300 亿元。重庆市按照孵化功能齐备、创投资本充足与商业模式完整思路,健全创业孵化体系。在两江新区等双创示范基地、九龙坡区全国小微企业创新创业基地,累计建成市级以上众创空间 307 家、市级以上科技企业孵化器 77 家,培育市级创业孵化基地 73 个,孵化个体工商户、小微企业等各类市场主体 1.2 万家。河南省持续清理规范涉企行政事业性和经营服务性收费,取消和停征 52 项行政事业性收费,其中 11 项省定行政事业性收费项目涉及金额 14.2 亿元。扎实推进商事制度改革,在全省范围实施了"三十五证合一"改革,使企业在办理营业执照后即能达到预定可生产经营状态,大幅缩短企业从筹备开办到进入市场的时间。截至 2018 年年底,全省实有市场主体达 530.6 万户,比上年增长17.9%;全省科技企业孵化载体在孵企业和团队达 2.3 万家,吸纳就业人数 23.7 万人。通过实施创新工程,培育创新龙头企业 100 家,其中有 7 家被认定为国家制造业单项冠军企业。

二、创新创业引领区域产业技术创新方向

通过聚焦原始创新、产业前沿、精准服务、国际创新资源,"双创"在引领产业技术创新方面,成效明显。构建智能制造创新高地。以"双创+智造"的中关村智造大街为例。中关村智造大街是中关村大街的延伸,在产业集聚方面,智造大街吸引了以深度好奇、中科飞龙、清美智创等为代表的人工智能、芯片研发、大数据安全等领域 88家企业,孵化项目 368 个,新增发明专利 2500 余项,聚集智能制造产业链前端和价值链顶端环节,区域产值由原来的 5000 万元快速跃升至近 30 亿元,成为首都科技创新中心建设智造领域的新支点。在国际化方面,智造大街以"技术创新、融合协作"理念,举办中关村科学城智能制造创新周等一系列聚焦智能制造创新活动,接待全球超过80 个国家和地区参观团体,有效促进中国智能制造与国际对接交流。智造大街与国际孵化巨头合作,联合发起中美平行基金,同步投资中美优质创新项目,投资孵化超过 300 家中国创业团队,并从美国等国家引进 100 多个科技项目。再比如,上海市杨浦区华平众创空间是内外部创新创业者专业化视频+服务平台,平台主要围绕技术创新、产业资源支撑、资金支持三大方面,形成创新创业支持的生态环境。发挥龙头企业优势资源,构建市场化、专业化、集成化、网络化众创空间,通过提供"视频+"技术开发、技术验证、产业支持、资源支撑、项目创业辅导、项目创投对接等服务,快速形成多媒体通信产业聚集,成为上海培育新兴产业集群式发展新标杆。

三、创新创业激发区域实体经济发展活力

创新创业促进科技人才跨区域流动。福建泉州通过搭建交流合

作平台,举办多种以侨台元素为主的交流活动,提供基础生活保障设施及服务,吸引了一批知名企业、侨台资金项目的入驻,吸引了众多华侨大学创新创业的学子热情,带动了周边高校的中高层次毕业生、台青和归国华侨到泉州就业、创业,为区域发展提供了强大的智力支撑。依托杭州西科创大走廊建设,杭州未来科技城和浙江大学两个双创示范基地之间建立干部互派挂职交流常态化机制,上海市杨浦区和杭州未来科技城之间也已开展多轮干部互派挂职交流。

创新创业拓宽小微企业融资渠道。贵州省出台关于大力扶持微型企业发展的意见,创造性提出"3个15万"政策组合,点燃微型企业创新创业引擎。即在财政补助政策方面,创办的微型企业实际货币投资达到10万元的,由县级人民政府给予5万元的补助;融资与担保政策方面,符合支持条件的微型企业可以到当地银行或担保机构申请15万元额度的银行贷款各担保支持。据统计,2018年全省累计带动就业人员80余万人,微型企业贷款满足率达80%左右。天津市通过推动知识产权质押融资,拓宽科技型中小企业融资渠道。通过认定13家华北知识产权运营中心分中心特色分中心、举办"知识产权创新创业发明与设计大赛"等科技赛事,为科技型企业、知识产权服务机构及金融机构之间搭建沟通对接渠道,有效促进了知识产权融资对接。

创新创业打通科技成果向现实生产力转化新机制。科技成果转化难不单是缺少研究资金,工程化队伍不足与资金支持跟不上的问题更为突出。比如黑龙江省工业技术研究院创新编制管理方式,探索出了高校出领军、研究院出核心、企业配团队的新模式,通过激励人才的创造力,有效打通了科技成果的转化渠道。为打通科研到产业的转化路径,西安光机所坚持拆除围墙、开放办所的理念,围绕电子制造、光子信息、生物光子三大方向进行研发布局和专业孵化,为创业团队提供专业技术、专业导师、专业装备、专业基金、专业服务等全生命周期服务支持。通过构建"研究机构+天使基金+孵化器+创业培训"的贴身孵化软环境,结合择机退出和反哺机制,打通科技成果转化的"接力棒"体系,形成了热带雨林科技创业生态,使内部三大方向研究成果畅通向产业转化。截至2018年7月,西安光机所累计引进80多个海归创业团队,孵化培育了240余家硬科技企业,总市值超过200亿元,7家挂牌新三板。

专栏5-1　国家高新区成为创新创业集聚高地

国家高新区以"发展高科技、培育新产业"为方向,坚持科技创新和制度创新双轮驱动,在体制机制改革、新产业新业态发展、创新创业生态完善等方面取得明显成绩,已经成为我国依靠创新驱动推进区域经济社会发展的突出典范,是推动我国建设现代化经济体系、走进高质量发展新时代的重要战略力量。截至2017年年底,纳入统计的156家国家高新区全年实现园区生产总值9.54万亿元,同比增长8.8%,占全国的11.5%;其中,33家高新区GDP占所在城市比重超过20%,13家超过30%,4家超过50%,有力支撑了区域经济的持续稳定增长;全国国家高新区共集聚各类大学790所,研究院所2600家,累计建设国家重点实验室329个、新型产业技术研发机构719个。企业研发经费支出与园区生产总值比例为6.17%,是全国研发经费支出与国内生产总值比例的2.9倍。发明专利申请授权量占全国发明专利申请授权量的22.3%;每万名从业人员授权发明专利、拥有有效发明专利达到全国平均水平的9倍以上;国家高新区聚集了全国50%左右的国家级科技企业孵化器和众创空间,涌现出一批专注于移动互联网、云计算、生物医药、机器人与智能制造的专业化众创空间,创业训练营、开放办公空间、互联网生态圈等孵化新形态推动全国创业纵深发展;2017年,国家高新区工业企业万元增加值综合能耗为0.510吨标准煤,为全国平均水平的三分之二。75家高新区获得国际或国内认证机构评定认可的ISO14000环境体系认证。

第四节　创新创业推动企业竞争力创新力提升

随着创新创业持续深入推进,我国企业竞争力创新力明显提升,企业创新能力基础、技术能力水平、创新创业结构优化、创新创业服务水平得到极大提升。

一、企业创新规模扩大夯实创新能力基础

企业创新投入力度加大,研发经费支出逐年增长。2017年,我国企业R&D经费支出13660.2亿元,占比达到77%以上,比上年增

长 12.5%,企业已经成为科技投入和技术创新的主体。分产业部门看,高技术制造业 R&D 经费支出 3182.6 亿元,投入强度达到 2%,比上年提高 0.1 个百分点;装备制造业 R&D 经费支出 6725.7 亿元,投入强度为 1.65%,比上年提高 0.14 个百分点。在规模以上工业企业中,包括医药制造业、通用设备制造业、汽车制造业、计算机通信和其他电子设备制造业在内的 8 个行业大类的 R&D 经费支出均超过 500 亿元,占全部规模以上工业企业 R&D 经费支出的比重达到 65.2%。

创新型企业技术研发投入不断增加,跻身世界前列。《欧盟工业研发投入记分牌》显示,2006 年我国仅有 10 家企业上榜全球研发投入 2000 强,且排名均在百名以外。2017 年中国有 438 家企业进入全球研发投入 2500 强,跻身百强企业的有 11 家,百强企业数量居第 4 位。其中,华为以 113 亿欧元的研发投入总额排名第五位,占企业营业额的 14.7%,远高于三星公司的 7.2% 和苹果公司的 5.1%。《2018 中国企业 500 强》榜单显示,2017 年中国企业 500 强研发投入持续快速增加,合计投入研发费用 8950.89 亿元,占企业研发费用支出的比例达到 65% 以上,增幅 21.63%。企业平均研发强度为 1.56%,较上年平均水平提升 0.11 个百分点。《2018 国家高新区瞪羚企业发展报告》显示,2017 年国家高新区瞪羚企业大幅增加,瞪羚企业数量达到 2857 家,比上一年增长 281 家,保持连续增长态势。同年,瞪羚企业科技活动投入强度高达到 6.98%,科技活动人员占比达 32.38%。

二、企业创新成果涌现提升技术能力水平

根据国家知识产权局数据,2012—2018 年,我国 PCT 专利申请受理量从 19926 件增长到 55242 件,年均增速 18.52%。2018 年,我国有专利申请企业较上年新增 6.0 万家,对国内发明专利申请增长

的贡献率达到 73.2%。企业在国内发明专利申请中所占比重为 64.3%,较上年提高 1.0 个百分点。其中,华为以 3369 件发明授权量排名第一位。国内企业有效发明专利 5 年以上维持率达 74.0%,较 2017 年提升 3.1 个百分点。

创新型领军企业创新活力增强,技术水平不断提升。2017 年,我国共有 1841 家瞪羚企业中申请专利 59635 件,申请发明专利占全部申请专利的 56.6%;共授权专利数量 24838 件,拥有有效专利数量 97119 件。截至 2018 年年底,华为拥有的 5G 标准专利数量为 1970 件(占比 17%),位列全球第一。根据 IFI Claims 发布的《美国专利授权量统计报告》,2018 年华为和京东方在美国的专利授权量分别达到 1680 件和 1634 件,居第 16 位和第 17 位。创新型领军的核心技术研发能力不断增强,推动我国高端产业向国际领先迈进。具体来看,京东方专利布局逐步的从 LCD、OLCD、传感等方面拓展至人工智能、大数据等新兴领域,华为在芯片技术研发方面居世界前列,ARM 架构服务器芯片鲲鹏 920 有望打破国外企业在芯片市场的垄断地位。华为的"5G 技术""AI 芯片技术"、阿里巴巴的"飞天系统"、京东方的"印刷式 OELD 技术"、中车的"永磁牵引技术""中低速磁浮技术"、华大基因的"人类基因组测序技术"、科大讯飞的"智能语音技术"、格力的"无风制冷技术"等显示出我国创新型企业的技术优势,不断增加中国企业在国际市场竞争力。

三、创新创业结构调整助力高质量发展

新兴服务企业迅猛发展。根据国家市场监管管理总局数据,2018 年全国新登记企业数量 670 万户,比上年增长 10.3%,日均新登记企业达到 1.84 万户。新设企业行业中服务业保持较快增速。前三季度,服务业新设企业 402.2 万户,增长 13.2%。其中,新兴服务业贡献突出,教育、卫生和社会工作、文化体育和娱乐业分别增长

56.4%、45.4%、21.8%。2018 年北京市新登记企业 18.33 万户,日均新登记 790.26 户,"高精尖"企业 292.77 户。其中,新登记企业中服务业企业数量占比达到 94.4%,注册资本占比 90.3%,信息传输、软件和信息技术服务业、科学研究和技术服务业新登记企业数分别比上年增加 18.5% 和 20.3%,比服务业新登记企业数增速高 6.5 个和 8.3 个百分点。

创业企业成为培育新动能重要引擎。独角兽企业快速涌现,根据 PitchBook 统计,截至 2018 年 10 月,全球新晋独角兽创业公司共 74 家,中国公司 20 家,这些独角兽企业涉及文化传媒、电子商务、交通物流、IT/制造、教育培训和金融服务等多个领域。例如,智能电动汽车开发商小鹏汽车以 37 亿美元的估值排名第 5 位,在互联网造车行业中实现汽车量产。2018 年,小鹏汽车共交付 482 辆新车,成为首家进入乘联会新能源车销量榜的互联网造车企业。根据《国家高新区瞪羚企业发展报告》,全国 2857 家瞪羚企业以占高新区入统企业 2.69% 的数量,创造了高新区 5.89% 的营业收入,9.06% 的净利润,以及 13.93% 的技术收入。

四、政策环境优化提升创新创业服务水平

营商环境持续改善,创业服务水平不断提升。世界银行发布的《营商环境报告》显示,2018 年中国实施改革的数量居东亚太平洋地区之首,全球排名第 46 位,比上年排名上升 32 位,尤其在"开办企业"方面进展显著。营商环境的改善大大降低了市场准入的门槛,企业开办时间大幅压缩。北京开办新企业办理时间由 24 天缩短为 5 天,上海市"一窗通"服务平台将时间由 22 天缩短为 5 天,广州"四大项一天联办服务专窗"使开办新企业最快只需 1 天。政府创业服务水平极大提升,高于经合组织高收入国家的平均时间 9 天。

科技与创业深度融合,科技成果转化更为活跃。成果转化是创

新创业的源头活水,创新创业是成果转化的重要出口。2015 年科技成果转化法的修订明确了科技成果使用、处置、收益制度安排。随着全面创新改革深入推进,科技成果转化机制不断健全,以事前产权激励为核心的职务科技成果权属改革、技术经理人全程参与的科技成果转化服务模式、技术股与现金股结合激励的科技成果转化相关方利益捆绑机制、"定向研发、定向转化、定向服务"的订单式研发和成果转化机制等科技成果转化改革举措取得突破并向全国推广。四川省西南交大"职务职务科技成果权属混合所有制"改革,有超过 168 项职务发明专利完成了分割确权,16 家高科技创业公司成立,带动社会投资 11 亿元。

第六章　创新创业理论与实践

近年来,伴随我国大众创业万众创新蓬勃发展,关于创新创业的理论与实践探索不断深化,双创示范基地评估工作有效推进,为创新创业在更大范围、更高层次、更深程度上持续推进提供了有力支撑。

第一节　创新创业理论探索

大众创业万众创新的核心在"众"、关键在"创",其本质是一个改革,对经济发展、民生改善乃至深化供给侧结构性改革、实施创新驱动发展战略都具有重要作用。推动创新创业关键是要因地制宜构建创新创业生态系统。

一、创新创业的科学内涵

大众创业万众创新由两个主谓结构的词组来表达,主语是大众和万众,大众是指大量的人去创业,强调创业的民间性、草根性;万众是指千百万的公众参与创新,强调创新的广泛性、群众性。两个谓语是创业和创新,创业主要是指创办新企业,创造出新产业;创新主要是指创造新技术、新产品、新业态和新模式,包括技术创新和商业模式创新。

大众创业万众创新的核心在"众"、关键在"创"。"众"就是要集众智汇众力,是"创"的主体,是核心的、不可缺的,离开了"众","创"就无从谈起。同时,只有"众"是不够的,关键在"创","创"是"众"的灵魂,缺少了"创",就难以形成持续推动人类社会进步的力量。

大众创业万众创新本质上是一个改革。大众创业万众创新不仅仅是推动大众参与创新创业,也不仅是建设众创空间等平台,更是对已有体制机制、文化氛围的系列变革和重塑。在推进大众创业万众创新过程中,离不开打破制度藩篱,离不开全面深化改革。所以大众创业万众创新本质上是一个改革,要用改革的方法激发市场主体的活力,发挥市场配置资源的决定性作用。

二、创新创业的重要作用

创新创业是经济发展的不竭动力。人类社会发展史实际上就是一部大众创业万众创新的历史。从火的发现到工具的使用,从蒸汽机到互联网,从手工生产到大规模制造,从大批量市场到电子商务,从早期平原上的定居者到近代的创业企业,创新创业是人类文明进步的不熄引擎,是引领经济发展的第一动力。我国改革开放以来的发展历史也是一部大众创业万众创新的历史,从 20 世纪 80 年代初的农民创业,到后来的科技人员和国有企业员工"下海创业",再到大量海外留学生回国创业,这几波创业创新浪潮极大促进了我国经济发展。

创新创业是扩大就业、改善民生的根本途径。在 19 世纪以前,全世界人口不到 10 亿,平均寿命只有 40 多岁,人均收入不到现在的 5%,电力、电话、汽车、计算机、互联网、乘飞机旅行等几乎不可想象。当前全球人口超过 70 亿,平均寿命达到 70 多岁,人类已步入电气时代、汽车社会和互联网经济时代。取得这样的巨大进步,归根到底都是人类不断创新、艰苦创业的结果。近年来,我国大众创业万众创新蓬勃发展,对扩大就业、增加人民收入也发挥了重要作用。据统计,目前新登记企业一年吸纳的就业超过 1000 万人,已成为创造物质财富和精神财富的重要途径。

创新创业是深化供给侧结构性改革的重要抓手。供给侧结构性改革是当前和今后一个时期我国经济工作的主线,主要包括三个层次的任务:一是在产业层面,推进传统产业优化升级,加快发展现代服务业,培育发展壮大新兴产业,振兴实体经济;二是在生产者层面,推进国有企业改革,大力培育发展创新创业企业,优化企业结构,形成"顶天立地"和"铺天盖地"的企业体系;三是在要素层面,建设知识型、技能型、创新型劳动大军,提高金融服务实体经济水平,提高技术供给能力。创新创业对这三个方面都有重要影响,既有利于增加新的产品和服务供给,推动传统产业转型升级;也有利于促进新企业的诞生,增加新技术、创业投资等要素供给,为经济活动注入新的动能。支付宝、微信、共享单车等重大供给创新就是典型例子。因此,抓创新创业就是抓供给创新,创新创业既能在服务业大显身手,也在制造业彰显威力,推动产业向形态更高级、分工更优化、结构更合理的阶段演化;既是小微企业成长之路,又是大企业兴盛之道,有利于形成大中小企业协同发展的格局。

创新创业是实施创新驱动发展战略的重大行动。实施创新驱动发展战略、建设创新型国家,需要充分发挥大学、科研机构、企业、政府等的各方作用,加强基础研究和关键技术研发,培养造就一大批高水平人才和创新团队,完善国家创新体系。但最关键的是培育发展创新型企业,因为企业是"主攻部队",是创新的"发动机",高等院校和科研机构主要是为企业创新提供"粮草""炮弹",政府的主要作用是创造良好的政策环境和体制环境,为企业和科研机构创新助油添力。只有通过开展创新创业将系列生产要素资源进行有机整合,才能营造出创新型企业所需要的适宜的水分、温度、土壤、环境,实现创新型企业快速茁壮成长。创新驱动发展战略才能真正实现"落地"，继而推动我国经济发展质量变革、效率变革、动力变革。

三、创新创业的生态系统

国内外大量的实践和研究表明，一个国家、一个地区的创新创业成效关键在于是否具有适宜创新创业的生态系统。这就像庄稼要长得好，必须要有肥沃的土壤、必要的水分、合适的阳光和空气等一样。综合国内外研究，创新创业生态系统有四个基本维度。一是"机构或要素"，包括技术、人才、资金等资源及其相关的大学、科研机构、企业等行为主体的数量和质量。二是"结构"，指这些要素和机构按照什么比例进行配置，不同组合决定了系统的运行效率。三是"机制"，指这些要素和机构的运行机制，包括协调机制、动力机制等，它决定了创新创业要素资源能否有效配置和有序流动。四是"环境"，包括公平竞争的市场环境、营商和法治环境、政策环境、创业服务环境、创业文化环境等。因此，可以形象地表述为："创新创业生态系统＝机构或要素＋结构＋机制＋环境"。

在这四个维度中，"机构或要素"是基础，"结构""机制"是关键，"环境"是保障。一个充满活力的创新创业生态系统不仅需要"肥沃"的"机构或要素"，而且需要合理的"结构"，还应有合适的"机制"把科研机构、创业者、现有企业和投资者有效联系起来，形成统一整体，产生协同效应。美国硅谷是这方面的典型案例，不仅拥有一流的研究型大学和科研机构，大量的金融机构、服务供应商和其他支持机构，更拥有一批来自世界各地的优秀创新创业人才。其中既有创业大企业，也有大量中小微初创企业，形成了"顶天立地"与"铺天盖地"的企业体系。人才结构以移民为主，每五个人中要么是创业者、要么是在创业企业工作；技术转移机制比较健全，大学、科研机构与产业界有紧密联系，还有健全的创新创业网络和协同发展机制；

拥有浓郁的创业创新文化和完善的创业服务环境。但大量的研究和实践表明,不是每个地区都能像硅谷那样,建立完善的创新创业生态系统,也没有简单可复制的成功模式。对于一个地区来讲,关键是要因地制宜,根据资源禀赋建立具有自身特色的创新创业生态系统。

四、创新创业的评价体系

根据创新创业的内涵和特征,结合国际上对创新或创业的评价指标,创新创业发展状况主要从以下五个方面进行评价。

一是新创办企业情况。这是衡量创业发展情况最直接的指标。国际经验表明,一个国家新创办企业的数量多少、拥有企业的密度高低,是反映创新发展水平和经济繁荣程度的重要标志。具体指标包括新登记市场主体特别是新创办企业数量及其增长率、独角兽企业数量及其增长率等。

二是创业投资发展情况。这是国内外公认的衡量创业创新活动情况的重要指标,也是相对比较真实的指标,被认为是创新创业情况的"晴雨表"。具体指标包括创业投资规模及其增长率、创业投资规模占一个国家或地区的比重等。例如,2015 年美国硅谷创业投资规模为 245 亿美元,占美国的 40% 以上,因此硅谷是美国创新创业最为活跃的地区。

三是并购与上市情况。这是反映创业企业成长状况的指标。一般而言,创业企业发展要经过种子期、初创期、成长期和成熟期四个阶段。创业企业被收购,或实现新三板挂牌和首发上市(IPO)是创业成功的重要标志。

四是创新活动情况。科学研究、技术发明和转移转化是创业的重要基础和支撑。同时,创业也会加速科技成果转化,促进创新发展。因此,专利和技术转移转化是衡量创新创业发展的重要指标。

五是带动就业情况。这是衡量创业成效的重要指标。这个指标也能够反映创新创业形势的好坏,当创新创业形势好的时候,创业企业吸纳就业数量就多,反之就少。

第二节　创新创业实践探索

双创示范基地围绕创新创业重点领域积极开展试点示范,在创新创业精准服务、创新创业人才支撑、创新创业生态构建、创新创业主体协同、科技成果转移转化、因地制宜创新创业等方面探索形成了一批可复制可推广典型经验,引领带动全国创新创业持续深入推进。

一、打造精准化创新创业服务

一是优化政务服务。武汉江岸区成立行政审批局,建立"一站受理、同步审批、限时办结、统一发证"的行政审批服务机制,推进审批服务"马上办、网上办、一次办"改革,探索"不用办"服务机制。山西转型综改示范区成立行政审批局,实现"一颗印章管审批"。天津滨海高新区首推创新创业通票,通过"互联网+政府服务"再造政府资源配置流程,大幅降低企业创新创业成本。国家电网深化"互联网+营销服务",实施中小企业供电服务质量提升专项行动,推出中小企业"三零三压"专项服务。**二是建设特色平台**。华中科技大学坚持"一横一纵"创客空间建设模式,构建全链式覆盖的创新创业平台体系。中国航空工业集团持续优化工业资源共享平台、电子设计云平台、科技成果转移转化平台三大线上平台,开放共享优质航空技术和研发能力资源。中国电科搭建中央企业科技创新资源服务平台,为国家、政府、中央企业以及民营企业制定科技发展规划、引进科技人才、了解市场动向、对外合作交流合作等提供支撑。中国电子以初创期软件与信息服务业企业为服务对象,线上孵化建成在线孵化平台,线下孵化构建"创客空间—创业苗圃—孵化器—加速器—园区"科技创业孵化服务链条。**三是加强党建活动**。大连高新区坚持企业孵化与党建孵化齐头并进,打造"一线筑垒工程、党员唤醒工程、典型示范工程、党建促"双创"工程、文化育人工程"五大党建工程。海口高新区建设党建共享平台,将"两新"党组织建成教育党员的学校、凝聚企业的核心、攻坚克难的堡垒。

二、引进多元化创新创业人才

一是完善教育培训体系。山东大学采用"学习+组建虚拟公司+实验室训练+实习实践"的教学模式,进行创业理论知识和创业管理技能系统训练。国信农业通过创业公开课、专业技术培训、进修学习和联盟服务等,培育懂技术、会管理、善经营的技能人才和创业创新带头人。中国电子长沙中电软件园打造小微课题发布的创新人才培养模式,培养北斗产业领域的专业化创新人才。**二是改革人才评价机制**。浙江大学建立教师分类聘任机制,开通工程创新、技术推广类教师职称系列,健全教学和科研业绩评价和成果转化机制。河北农业大学在教师专业技术职务评聘中专门为"社会服务与推广突出型"人员设定"绿色通道",鼓励教师通过科研成果转化支持学生创新创业实践。南京工业职业技术学院将科技成果转化列入职称晋升的重要指标,结合岗位聘任、职称评审等开展人事制度改革。**三是完善人才配套服务**。深圳福田区引入"超市"理念,由政府主导、社会资本投资、社会组织共同参与建设和运作管理,为深圳下岗失业人员、毕业生及来深建设者提供岗位信息采集及发布、创业加盟项目展示、岗前上岗培训、创业技能培训、创业就业前期辅导等"点菜式"自选服务。南京雨花台区以科创城创星小镇为载体打造高层次人才创业基地,加强人才预孵化、人才申报、辅导和人才服务。海口高新区实施人才奖励计划和人才公寓安居工程,建立中国旅美科学家工作站。**四是鼓励员工创新创业。**中国移动出台《中国移动创新创业—孵化式工作管理办法》，建立"包容失败、岗复原职"容错机制。荣事达集团每年拿出 1—2 个优秀创业项目，让优秀员工、优秀团队入股，由集团主导、项目团队负责经营，让全体员工共享创新创业成果。

三、营造多层次创新创业生态

一是强化创新创业资金支持。长春新区组建 3 亿元投资引导基金，成立省内第一家科技支行、科技担保、科技小额贷款公司，重点支持创新创业。北京大学创业训练营建立超过 400 亿元的投资基金联盟，吸引 30 余个国内知名投资机构，全程参与专业性创业资本对接服务。长春光机所聚焦精密仪器与装备领域，以国家级众创空间、国家级科技企业孵化器等融资平台，设立长光财兴基金，通过股权投资、并购重组等方式，对中早期优质项目和企业进行资金扶持，推动项目迅速落地、企业快速做大做强。西安光机所设 8 支专业化投资基金，投资孵化范围主要以人工智能、航空航天、光电芯片、新材料、新能源、智能制造、信息技术、生物医药等"硬科技八路军"为主。**二是围绕产业生态促进创新创业。**南京雨花台区围绕软件等主导产业，建成全市首家"互联网+"智能化人力资源公共服务平台。中国移动与产业合作伙伴共同开展 5G 关键领域合作创新，建立国内 10 家、海外 2 家 5G 联创中心开放实验室。许昌城乡一体化示范区围绕电力装备主导产业，实施"技术转移+自主创新""骨干引领+协同创新""龙头带动+内部创业"等模式，通过创新创业强链补链构建产业发展新格局。**三是培育国际化创新创业生态。**厦门高新区台湾创客团队不断涌现，清华海峡研究院、爱特众创等在台湾设立离岸孵化器。昆明经开区打造"云上云"国际"双创"特色街区，面向南亚东南亚外籍人员、留学生开展创新创业。

四、强化多主体协同创新创业

一是示范基地合作强化优势互补。青岛高新区与山东大学、海尔集团等签署战略合作协议，共同推进双创示范基地建设。吉林大学与长春新区签署合作协议框架，加强校地合作，共同建设长春新区·吉林大学北湖"双创"服务功能区。**二是推进校企校地合作。**浙江大学对接杭州城西科创大走廊建设，打造紫金众创小镇，助推政产学研协同发展。西安电子科技大学借助西安市委市政府举办的"梦回长安—百万校友回归"活动，吸引校友产业项目、孵化基地和投资基金落户创新谷。浙江大学与百度开启基于强大创新生态系统的体系合作，与阿里巴巴在人才培养和智能校园建设方面展开合作，与阿里巴巴和《浙江日报》合作推进"浙江大学浙报—阿里极客计划"，与腾讯云共同推进浙江大学科研技术成果扩展和实体经济转型升级。**三是推进企业与地方加强合作。**中国电科牵头组建"天山力遁创新联盟"，聚合国内优质电子信息技术企业，为新疆提供系列化新技术产品，全面推广三维人像综合数据门、人证比对等关键技术系统以及社会安全大数据平台。

五、推动科技成果加快转化

一是政府寻找高校促进科技项目落地。四川天府新区引进中科院、清华大学、斯坦福大学等22个校院地协同创新平台，探索科技成果所有权管理新模式，建立人才培养、科技研发、成果转化和企业孵化的综合性平台。南京雨花台区建立大院大所对接机制，梳理企业技术需求和院所技术供给"两个菜单"，用好"科学家在线"、江苏技术产权交易所等服务平台，实现企业与高校院所的常态化、精准化对接。**二是高校寻找地方与企业将科技成果对焦市场。**华中科技大学实行转化申请一张表，围绕"企业合作、区域合作、驻外研究院"三大板块,探索完善科技成果转化校地、校企合作模式。华南理工大学将办学目标发展与区域发展紧密结合,与企业联合攻克行业发展核心关键技术,有力支撑美的、粤海控股、金发科技、广汽、珠江啤酒等高科技或行业龙头企业发展。**三是从收益分配入手打破政策藩篱激励科研人员。**复旦大学出台《复旦大学科技成果转化管理办法》,使科技成果转化收益分配有章可循。南京工业职业技术学院下放科技成果使用、处置和收益权等改革措施,切实提高科研人员成果转化收益比例,对推动科技成果转化的中介机构可提取成果转化收益的10%。**四是促进知识产权服务与产业深度融合。**上海徐汇区知识产权服务平台形成集聚,上海知识产权交易中心正式成立,上海商标审查协作中心挂牌运营。信息通信研究院成立知识产权中心,搭建政府、行业和企业间知识产权沟通桥梁。

六、因地制宜推动创新创业

一是立足区域特色发展创新创业。山东大学服务海洋山东建设,实施蓝色产业领军人才支持计划,加强高层次海洋人才队伍建设。乌鲁木齐高新区依托创新创业产业城,发展以休闲度假为主的旅游产业,建设集文化、创意、休闲观光和特色餐饮等为一体的"创意时尚·城市记忆"小镇。**二是依托特色专业发展创新创业。**河北农业大学通过组织专家教授"三下乡"和承办省级"万人示范培训"等各类培训班,深入开展农村返乡下乡本乡人员的创新创业培训。复旦大学依托智能科学、信息和计算机技术、大数据、微电子等学科优势,聚焦人工智能、大数据、集成电路等关键领域,建立产学研相结合的创新人才培养机制。**三是改造老旧资源发展创新创业。**武汉江岸区聚焦"老房子"改造升级、专业第三方运营、高端化招财引智三个环节,让"老房子"转变成有文化底蕴、有现代气息、有独特魅力的创新创业场所。泉州丰泽区组织实施52个旧厂房改造项目,使老旧工业区、厂房和楼宇再焕生机。上海徐汇区通过优化改造原黄浦江岸线交通运输、物流仓储和工业生产场地和设施,形成以科技创新为主导、文化创意和创新金融融合发展的滨江创新创意带。**四是紧密融合国家重大战略。**中船重工围绕国家"一带一路"、海洋强国建设、西部大开发等战略,成立西南装备研究院、青岛海洋工程研究院等区域性创新平台。新希望集团在四川凉山将农村贫困户纳入现代化生猪养殖合作平台,探索建立"政府+市场主体+银行+保险+贫困户"的"五位一体"产业精准扶贫模式。

第三节 双创示范基地建设

第三方评估表明,国家双创示范基地有效发挥了创新创业带头引领"抓手"和疏通体制机制障碍"先手棋"作用,有力推动了"双创"工作进入提质增效新阶段,高水平大学、高学历人才、高技术企业和高附加值产品"四高一联"①纷纷登上"双创"舞台,以区域性、行业性基地联盟为载体的基地间合作交流不断增加。示范基地高度聚焦发展特色优势产业,重大领域开展系统性联合创新活动不断加强,示范基地间不断深入合作,"双创"与专业教育、基地特色有机结合,通过良好的创新创业生态促使服务更加精准化。未来面向创新创业高质量发展的需求,应更加突出专业化、特色化和协同化特征。

一、示范基地建设总体情况

示范基地建设基本完成任务目标。《国务院办公厅关于建设大

---

① "四高一联"是指高水平大学、高学历人才、高技术企业、高附加值产品和"互联网+"平台。

众创业万众创新示范基地的实施意见》(国办发〔2016〕35号)《国务院办公厅关于建设第二批大众创业万众创新示范基地的实施意见》(国办发〔2017〕54号)确定建设两批共120家双创示范基地。其中，区域类示范基地62家，企业类示范基地28家，高校类示范基地19家，科研院所类示范基地11家。根据2018年评估结果，第一批示范基地大部分已完成任务目标，并形成了一批可推广可复制的经验；第二批示范基地获批时间比较短，但基本已完成规定性建设工作，第二批92家示范基地按照要求成立"双创"领导小组，并结合自身实际情况出台了"双创"相关政策文件。

示范基地对高质量发展起到示范带头作用。双创示范基地评估不是搞督查，也不是简单的名次排序，而是要在评估过程中实现对示范基地"把脉、联结、赋能和传播"，真正借助评估力量"以评促建"，推动我国创新创业健康发展。双创示范基地对高质量发展起到了示范带头作用，新业态新模式不断涌现，在带动经济、解决就业方面起到了不可忽视的作用。据统计，2018年企业示范基地研发人员总数超过15万人，PCT专利授权量超过3900件，科研人员创办企业数量超过1300家；高校举办"双创"讲座、培训超过38万场，主办创新创业大赛651场，科技成果转化交易额45亿元；区域基地国家级高层次人才数量超过28000人，新增高新技术企业数量超过10000家；研究院所基地科技成果转化交易额超过22亿元，与企业合作项目数量超过700项。

示范基地通过评估凝练经验、瞄准痛点堵点。2016年和2018年国家发展改革委先后两次委托中国科协和中国科协创新战略研究院开展双创示范基地第三方评估。在中国科协党组的大力支持下，以中国科协创新战略研究院为具体执行单位，集成中国科协系统组织体系优势，圆满完成两次示范基地评估任务，共调动各级科协21家，动员全国学会和学会联合体25家，第三方评估机构12家，组织专家参与各类基地评审 480 多人次。通过评估获取了重要的基地建设经验，也掌握了创新创业发展的诸多痛点堵点，为国家发展改革委对示范基地的相关表彰提供了重要的决策参考。

示范基地加强以评估平台为纽带的交流合作。受到基地类型和所在地域限制，示范基地需要加强分工合作才能加快推动"双创"发展。中国科协的"双创"系列评估充分发挥平台优势和科技工作者优势，发挥评估平台作用，借评估促进各创新主体之间，科技工作者、专家与创新主体间，先进技术成果与创新主体间交流合作与转化，形成互补迭代发展。围绕"双创"活动和示范基地评估，加强地方科协在区域创新发展中的地位和作用。按照基地涉及产业门类，提升各级科协组织服务能力和水平，针对战略重点地区建立分支机构强化科协辐射力。2018 年借助中国科协示范基地评估这一平台促进各类主体交流后，长三角双创示范基地联盟、西部双创示范基地联盟、京津冀双创示范基地联盟等相继成立，各示范基地在科技成果促进转化、科技项目联合申报、科技人才联合培养、科技创新企业联合培育、创新创业生态营造等领域的全面深化合作，探索建设跨地区、跨行业的创新资源共享平台等方面开始广泛合作，关系也日益紧密。

二、示范基地建设经验成效

示范基地高度聚焦发展特色优势产业。专注于特色产业延长上下游产业链，不断向纵深布局，区域内、企业内众创空间、孵化器针对产业开展专业化培育和服务，大幅提高资源对接、信息共享的效率，逐步形成地区内甚至全国范围内的集聚效应。例如，南京雨花台区在产业规划和政策方面专注于软件产业，充分挖掘人力资源和市场规模优势，从项目引进、技术创新、财税支持、金融扶持等方面建立起完善的软件产业政策体系，加速形成通信软件及运维服务产业、云计算大数据与信息安全产业、互联网产业、人工智能与智能终端产业、旗舰经济五大产业集群。

重大领域开展系统性联合创新活动。以重大需求为导向，通过组建跨学科、跨部门、上下游协同、"多兵种"协同作战的创新人才队伍，聚集科研资源，加快技术和产品迭代和完善，通过系统性"大创新"带动内外部、上下游创新创业活动，实现关键性技术突破。国家电网公司在实施特高压输电、大电网安全、新能源技术以及智能电网领域重大科研任务中，打破各研究方向原有的条块分割局面，面向项目研发需求，组建包括国内能源电力专业知名高校、高端研发机构、电工装备制造企业，电力系统、新材料、信息通信、先进计算等多专业、多领域的项目执行团队 27 支，以矩阵化、扁平化方式开展产学研用联合攻关，提升创新效率，形成符合协同创新规律的项目管理和运行机制，有力推动了智能电网领域重大关键技术的研发，成功研制出±500 千伏柔性直流输电换流阀、500 千伏直流断路器等重大科技成果。

良好的创新创业生态促使服务更加精准化。政府或企业、高校站在区域或行业的视角，利用大数据和其他各类信息化手段统筹审视、综合布局，提供跨领域知识和技术集成，服务于创新创业的整体发展。北京大学依托北大科技园园区网络平台，打造平台型的科技资源流量入口和科技创新成果出口，以"双创"大数据为核心，高效聚合北京大学科技创新资源、北大科技园网络化资源、市场化全要素资源，构建围绕"创业+创新""线上+线下""技术+服务""产学研+商业驱动"的线上线下一体化平台。

"双创"与专业教育、基地特色有机结合。示范基地开展各类"双创"教育与专业特征、与基地特色高度融合，通识教育渗透在教学和实践的方方面面，对创新创业的认识更加系统和深刻，以创新为核心、创新引领创业、在各行各业开展各类"小改进、大革新"成为潮流。西安电子科技大学推进创新创业教育，大学生创业率达到 2%，基本科研业务费不低于10%用于提高学生科研创新和创业实践能力。中国电子长沙中电软件园依托北斗（长沙）开放实验室,打造了小微课题发布的创新人才培养模式,培养了北斗产业领域的专业化紧缺创新人才,解决了北斗民用化推进过程中人才短缺的瓶颈。

双创示范基地间不断深入合作。区域基地通过引进高校、科研院所高端实验室,引进企业研发中心等途径融合各类平台主体;企业与高校院所通过举办竞赛、建立联合研发中心等形式实现项目发现、技术转移与成果孵化;同时示范基地打造高技术开源平台为相关产业提供共性基础技术,加强各类创新主体间优势互补和融通发展,通过技术的创新引领创业。青岛高新区与山东大学、海尔集团等3个国家双创示范基地签署战略合作协议,共同推进双创示范基地建设。

三、示范基地建设提升建议

示范基地建设过程中仍然存在以下突出问题:不同地区示范基地发展水平差异大、内部活力不足、依赖外部引进;资本对初创企业支持力度仍然不够,无法满足多样化的融资需求;示范基地在激励机制制定、服务地方建设等方面因政策不明确、受有关部门制约而阻滞;部分地方对当前"双创"发展所处的阶段和"双创"上水平的理解和认识不足等。未来面向创新创业高质量发展的需求,应更加突出专业化、特色化和协同化特征。

强调精准度与专业化发展。要坚持培育"双创"企业与区域产业发展方向相结合,切实提高政策扶持的针对性和精准性,引导"双创"企业紧紧围绕本地产业发展,为成功孵化夯实基础。各部门要优先支持双创示范基地在落实国家战略、聚焦地区产业或"双创"群体方面开展探索创新,先行先试相关特殊政策。加强专业化孵化载体和服务团队建设,在原有众创空间和孵化器基础上进行资源优化整合,聚焦重点方向大力推进专业化孵化载体建设,将培育和引进专业化科技服务人员摆在更突出的位置。在重点攻关领域发挥带头作用，企业示范基地应重点在联合学术界专家和产业链上下游资源开展系统性"大创新"，联合攻关突破重大技术难题。以创新创业推进国家重大战略实施。高校和院所示范基地要紧密结合专业特色，将优势专业的实训教育和企业生产紧密结合，将成果转化和对口企业需求结合，加大对"双创"实训人员和科技成果转化服务人员培养和激励。

结合自身特色先行先试、强化容错机制。示范基地的建设应紧密结合国家、区域发展战略，明确自身定位与特点，明确发展方向和战略重点，突出特色，力争在具有基础和特点的领域，取得先进经验，推出更多可复制推广的政策措施，发挥好引领示范功能和带动作用。先行先试的前提即是要先建立鼓励改革创新容错机制。要对法律法规规章和国家政策未规定事项，鼓励开展改革创新，科学合理设置容错认定程序；建立改革创新重大风险评估制度，对风险进行分级设定，并实行事前备案制度；在决策实施过程中，要加强决策效果的滚动评估，强化过程纠偏；在决策实施完成后，要进行决策成效联合评估、评价，并对决策出现的偏差进行定性评价，确定责任追究的方式，进一步明确组织责任、实施责任、个人责任或免除责任的相应条款。实施对重大创新工程和项目的容错机制，引入任期激励、股权激励等创新导向的中长期激励方式。宽容、包容企业家在创业创新中的失误、失败，尽量协商解决、市场解决。建立合理的补偿或补贴机制，给予企业家一定的政策保障，避免让先行先试者独自承担试错成本。如可探索设立支持企业创新试错专项资金，解决因为创新项目没有按时完成而被收回前期补助资金等实际问题。

加强示范基地间协同共享。紧紧围绕区域发展的战略定位，主动与周边区域或其他双创示范基地合作共建创新平台，联合区域内"双创"主体共同打造区域协同创业创新生态系统，推动技术、设备、信息、资本、市场等资源共享。充分发挥各区域在技术、产业、资源方面的优势,同时加大区域基地的对外开放力度,扩大基地的辐射范围。与其他类型示范基地合作时,区域类双创示范基地可以提供"双创"政策、区域载体和浓厚氛围,高校科研院所类基地拥有科研和人才优势,企业类基地拥有完整的产业链、营销链和资金、市场等优质"双创"资源,三类双创示范基地形成有机的融通"双创"机制,必将产生"1+1+1>3"的聚变效应。另一方面,在区域、产业范围内,打通不同区域双创示范基地、高校双创示范基地、科研院所双创示范基地、企业双创基地间信息交互通道,更加深入地发挥好各示范基地联盟的作用,开展广泛合作,相互借力,通过资源整合促进"双创"工作开展,最终服务于区域经济的发展;在行业纵深领域,通过不同主体间集众智、汇众力带动行业发展,最终在全国范围内实现创业创新引领行业转型升级,形成线上线下结合、政企产学研用协同创新创业的新格局,推进"双创"高质量发展。

第七章 发展展望

2019年是新中国成立70周年,是全面建成小康社会、实现第一个百年奋斗目标的关键之年。要以习近平新时代中国特色社会主义思想为指导,深入贯彻党的十九大和十九届二中、三中全会精神,大力实施创新驱动发展战略,坚持问题导向、目标导向,进一步把大众创业万众创新引向深入,推动创新创业创造高质量发展。重点在以下六个方面取得新进展。

一是深入推进"放管服"改革,营造创新创业良好环境。 全面落实《国务院关于推动创新创业高质量发展打造"双创"升级版的意见》明确的各项任务举措。总结推广一批新的改革成果,制定出台新一轮全面创新改革方案。全面落实市场准入负面清单制度、企业开办全程网上办和企业注销便利化等重要改革举措,拓展不见面审批等,持续降低制度性交易成本,全面开展工程建设项目审批制度改革。制定出台《优化营商环境条例》。对标国际一流标准,对国内41个城市开展营商环境评价。落实深化增值税改革、小微企业普惠性税收减免、固定资产加速折旧优惠政策适用范围扩大至全部制造业领域。扩大创业担保贷款专项贴息、风险补偿及贷款保险补贴规模。

二是进一步夯实创业服务基础,拓展创业带动就业效能。 搭建专业、便捷、开放的创新创业公共服务支撑平台向创业者开放创新资源,降低创新创业成本,不断完善创新创业服务体系。鼓励地方各级政府对有创业意愿的劳动者提供创业培训或实训、开业指导、融资服

146

务、政策对接等服务。切实落实支持企业稳定就业岗位有关政策。落实好职业院校扩招100万人实施方案，加快培养各类技术技能人才促进扩大就业。大力支持灵活就业形态发展，强化对高校毕业生、就业困难人员等重点群体的就业帮扶。充分发挥1000亿元失业保险基金结余作用，对重点群体开展有针对性的职业技能培训，支持企业兴办职业技能培训。

三是增强创新源头供给，提升创新创业科技水平。增强创新型企业引领带动作用，在重点领域和关键环节加快建设一批国家产业创新中心、国家技术创新中心等创新平台，充分发挥创新平台资源集聚优势。鼓励企业运用新技术新业态新模式实施技术改造。充分运用现代信息和网络技术，建立健全科技服务的标准体系。依托高校、科研院所建设一批专业化技术转移中心，推动地方建立一批国家科技成果转移转化示范区。继续深化"双创"开放合作，充分利用国际创新创业资源。

四是强化支撑平台建设，实现创新创业服务升级。支持示范基地在知识产权保护与运用、科技成果确权、科技项目立项和组织实施等方面先行先试，发挥长三角、京津冀、西部示范基地联盟作用，带动不同区域、不同行业创新创业融通发展。加快建立众创空间质量管理、优胜劣汰的健康发展机制，提升专业化众创空间服务能力。建设一批创新创业公共服务平台，为初创期、早中期企业提供公共技术、检验检测、法律政策、管理咨询等服务。加快实施促进大中小企业融通发展行动计划。打造一批融通发展典型示范和新模式，培育国家专精特新"小巨人"企业和一批基于互联网的大企业"双创"平台。

五是汇聚社会各方资源，助力创新创业加速发展。引导符合条件的各类市场主体和社会资本依法合规参与国家新兴产业创业投资引导基金。加强对基金的政策绩效目标考核，更多支持初创期、早中期创新型企业发展。强化关键制度创新，支持更多符合条件的"双创"企业在科创板上市。继续实施小微企业融资担保降费奖补政策，充分发挥普惠金融发展专项资金作用。研究提高小微企业贷款享受风险资本优惠权重的单户额度上限。鼓励银行保险机构开发知识产权、应收账款、股权等各类新型质押融资产品。

六是营造良好社会氛围，进一步繁荣创新创业文化。推动地方部门充分利用各种渠道，宣介各类政策举措，强化对企业、创业者等各类主体的引导。建好全国"双创"政策信息服务网等信息服务平台，鼓励各类社会媒体宣传创新创业政策。办好全国"双创"活动周，营造更加有利于创新创业创造的良好环境。继续办好"创响中国"系列活动等系列赛事，广泛吸引各类主体投身创新创业。

后　记

《2018 年中国大众创业万众创新发展报告》是国家发展改革委组织编写的反映我国创新创业情况的第四份年度报告,由总论和七个章节构成。总论部分概要介绍了 2018 年全国大众创业万众创新发展现状,第一至第七章分别就创业环境、创业服务、创业融资、创业就业、创业成效、理论与实践等情况进行了描述。

国家发展改革委高技术司和中国宏观经济研究院负责具体组织编写工作,科技部、工业和信息化部、国务院国有资产监督管理委员会、农业部、教育部、人力资源和社会保障部、银保监会、中国科协创新战略研究院、科技部火炬中心、中国信息通信研究院、人事科学院、社科院数技经所、清华大学公共管理学院、清华大学 G20 集团创业研究中心、中国科学院科技战略咨询研究院、国家发展和改革委员会创新驱动发展中心、清科集团、36 氪、腾讯研究院、佰职科技等单位相关人员参与了部分章节的撰写工作。全书由王昌林、罗蓉、刘国艳、姜江、曾红颖、蒋同明、邱灵、魏国学、张铭慎、刘方、成卓、韩祺、徐文舸修改定稿。

在本书编写过程中,国务院有关部门为本报告的编写提供了许多宝贵资料和数据,双创示范基地提供了丰富的素材。同时,本报告也摘选引用了相关研究机构的研究报告内容。我们在此表示衷心感谢。

由于目前关于大众创业万众创新的统计尚待完善,加之我们对该问题的认识和研究还有限,书中难免有疏漏和不当之处,敬请读者批评指正。

编写组

2019 年 5 月

责任编辑：池　溢

封面设计：汪　阳

图书在版编目（CIP）数据

2018 年中国大众创业万众创新发展报告/国家发展和改革委员会 编著. —
北京：人民出版社，2019.11

ISBN 978－7－01－021590－7

Ⅰ.①2…　Ⅱ.①国…　Ⅲ.①劳动就业-研究报告-中国-2018　Ⅳ.①D669.2

中国版本图书馆 CIP 数据核字(2019)第 257367 号

2018 年中国大众创业万众创新发展报告

2018NIAN ZHONGGUO DAZHONG CHUANGYE WANZHONG CHUANGXIN FAZHAN BAOGAO

国家发展和改革委员会

人民出版社 出版发行

（100706　北京市东城区隆福寺街 99 号）

中煤（北京）印务有限公司印刷　新华书店经销

2019 年 11 月第 1 版　2019 年 11 月北京第 1 次印刷

开本：710 毫米×1000 毫米 1/16　印张：10.25

字数：100 千字

ISBN 978－7－01－021590－7　定价：25.00 元

邮购地址 100706　北京市东城区隆福寺街 99 号

人民东方图书销售中心　电话（010）65250042　65289539